AU CŒUR DU SAVOIR

FABULEUX INSECTES

MIRANDA MACQUITTY

BAYARD ÉDITIONS

Mouche bleue mangeant des restes de nourriture sur une fourchette

DORLING KINDERSLEY

Abeilles à l'entrée de leur ruche

Responsable éditorial Kitty Blount
Maquette Cormac Jordan
Direction artistique Diane Klein et Julia Harris
Éditeur Gillian Denton
Consultant Steven Brooks
Iconographie Sam Ruston
Fabrication Charlotte Traill
Photographies Andy Crawford, Geoff Brightling
Modélisations Peter Minister, Gary Staab,
Chris Reynolds et l'équipe Visual Effects de la BBC

Adaptation française Octavo Éditions
Traduction Christiane Crespin
Édition Anne Dechanet
Conseiller scientifique Philippe Keith

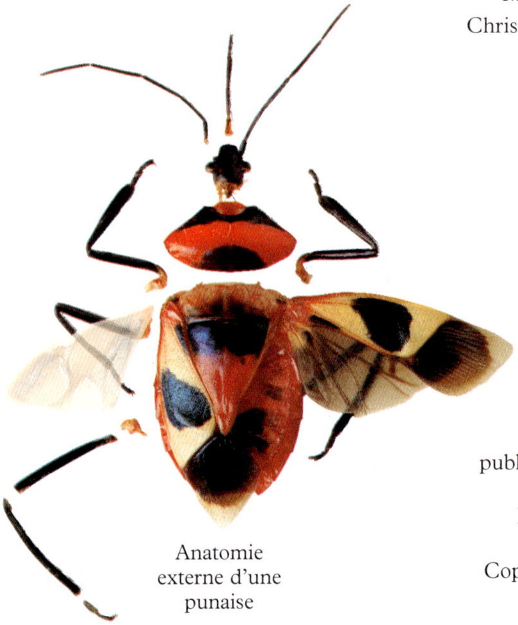

Anatomie externe d'une punaise

Moustique se nourrissant de sang humain

Édition originale : *Amazing Bugs*
publiée en 1996 par Dorling Kindersley Limited
9, Henrietta Street, Covent Garden,
Londres, WC2E 8PS, Grande-Bretagne.

3, rue Bayard, 75008 Paris
Dépôt légal : mars 1997.

Loi 49 956 du 16 juillet 1949 sur les publications destinées à la jeunesse.

ISBN 2-227-73603-8

Gravé en Italie par G.R.B. Graphica, Vérone
Imprimé à Singapour par Toppan.

Grillon des cavernes

Pièces buccales du moustique

Agrandissements d'une larve de drosophile

Coupe montrant
les muscles
du vol de
la guêpe

Sommaire

Puce des chats

Criquet
du désert

L'astérisque* figurant après un mot indique que celui-ci est défini dans le glossaire.

Des insectes partout !

On trouve des insectes* partout, excepté au fond de la mer. Il existe au moins un million d'espèces répertoriées qui représentent près de 85 % des espèces animales et environ 70 % du monde vivant. Tous les insectes possèdent un exosquelette* (squelette externe) et sont démunis de squelette interne, qui est une particularité des vertébrés. Leur corps se compose de trois parties : la tête, le thorax* et l'abdomen*. Une paire d'antennes* est attachée à la tête. Trois paires de pattes et une ou deux paires d'ailes sont fixées au thorax. Certains insectes sont si petits qu'ils arrivent à vivre dans l'épaisseur d'une feuille.

Le sphinx tête-de-mort
Si on y regarde de près, les motifs et les couleurs de ce papillon de nuit perdent un peu de leur charme, car son corps est orné d'un dessin qui fait penser à une tête de mort.

La sauterelle forestière

Cette sauterelle vit à la cime des arbres des forêts tropicales humides. Son vol est rapide et ses longues antennes lui servent à trouver sa nourriture la nuit.

Un toucher sensible
L'insecte perçoit les obstacles grâce à ses antennes. Il est indispensable à cette espèce de pouvoir se repérer dans un feuillage épais.

Des griffes pour s'accrocher
Les pattes des sauterelles se terminent par des griffes avec lesquelles elles s'accrochent aux tiges et aux feuilles.

La vie communautaire

Certains insectes, comme les fourmis, sont appelés insectes sociaux parce qu'ils vivent en colonies*. Les membres de la colonie sont apparentés et s'entraident. Le coléoptère que ces fourmis sont en train de dévorer a probablement été découvert par l'une d'elles, qui a laissé une traînée odorante pour que ses compagnes puissent s'acheminer vers le repas qui les attend.

Le repas familial
Quand une fourmi découvre de la nourriture, elle prévient les autres membres de la colonie.

Détecteurs d'odeurs
Grâce à ses antennes, la fourmi est capable d'identifier un autre membre de la colonie. Les poils sensoriels des antennes détectent les odeurs propres à la colonie.

Un juvénile*

La larve* de libellule vit et se nourrit dans les mares. Lorsqu'elle est prête à se transformer en libellule ailée, elle grimpe le long de la tige d'une plante pour s'extirper de son exosquelette.

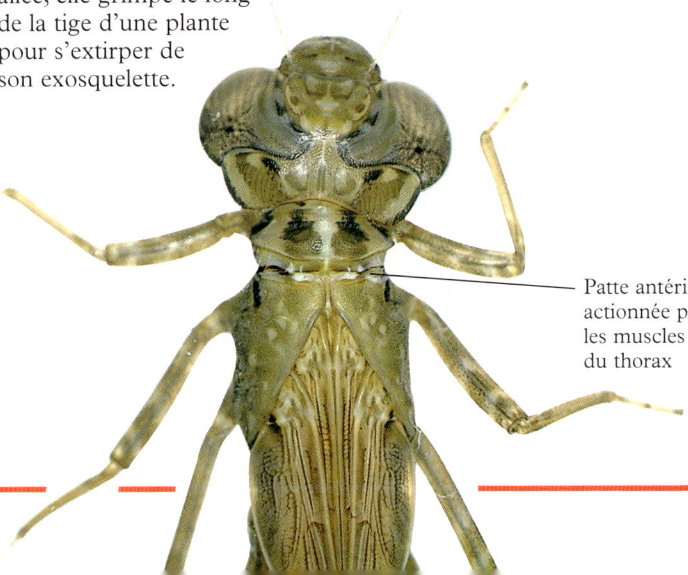

Patte antérieure actionnée par les muscles du thorax

Un véritable géant

Le goliath africain est l'un des insectes les plus lourds. Le mâle pèse plus de 100 g (le poids d'une petite pomme). Malgré son poids, il vole facilement.

Protégé pour la vie
Lorsqu'ils sont adultes, les coléoptères ne muent pas, ils conservent leur exosquelette protecteur.

Élytre
C'est l'aile antérieure dure et cornée des coléoptères qui ne sert pas au vol mais protège l'aile postérieure, à la manière d'un étui.

Attention, danger !

Grâce à leurs élytres rouges, orange ou jaunes, les coccinelles avertissent les prédateurs* de leur goût épouvantable. Par temps froid, elles se massent dans les fissures rocheuses et sur les arbres. Durant les étés chauds et secs, elles volent vers les montagnes en attendant le retour de la fraîcheur. Quand la nourriture abonde, elles forment des colonies importantes. Dès qu'elle manque, elles s'en vont, toujours groupées, pour en trouver ailleurs.

Un insecte résistant
La coccinelle peut supporter des températures très basses, y compris le gel.

Un genou dissuasif
Le genou de la coccinelle produit un liquide nauséabond qui fait fuir les prédateurs.

La peau dure

Chez les insectes, près de la moitié des espèces connues sont des coléoptères. Les élytres rigides de ce bupreste protègent ses ailes postérieures fragiles lorsqu'il prend son vol pour fuir.

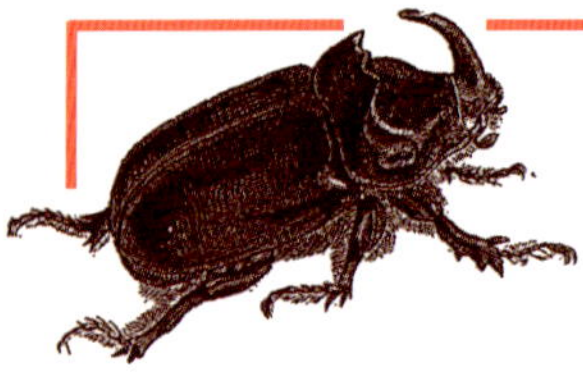

Le rhinocéros utilise sa corne pour se battre avec les autres mâles.

Anatomie externe

Le squelette de l'insecte est externe, il protège l'animal comme une armure. Ses épaisses plaques protectrices recouvrent la totalité du corps, les ailes, les poils et même le cristallin de l'œil. L'exosquelette est composé d'une substance cornée, dure, appelée chitine, enduite d'une couche de cire qui empêche la déshydratation de l'insecte. Au cours de son développement, l'insecte se débarrasse plusieurs fois de cette enveloppe. Avant la mue, elle devient plus fine à mesure que l'insecte absorbe les éléments qu'elle contient. L'ancien exosquelette se fend pour être remplacé par un nouveau, plus grand. Avant que ce dernier ne durcisse, l'insecte grossit en absorbant de l'air ou de l'eau.

Un papillon prudent

Dans la journée, ce papillon se repose sur l'écorce d'un arbre. Ses couleurs constituent un camouflage* parfait qui lui évite d'être repéré par les prédateurs.

L'abdomen
Entre chaque segment de l'abdomen se trouve un anneau d'exosquelette fin et souple. C'est ce qui permet la flexibilité de l'abdomen.

Un corps plat

Cette punaise a un corps large et plat. Elle émet une odeur désagréable provenant de glandes situées dans le thorax, qui dissuade ses ennemis. Parfois cette odeur est assez forte pour provoquer des maux de tête chez ceux qui la respirent. Les couleurs de cette punaise sont produites par des pigments de l'exosquelette. Certaines punaises sont irisées – des strates microscopiques situées à l'intérieur de l'exosquelette reflètent la lumière.

Battements d'ailes

Les ailes sont des prolongements de l'exosquelette. Contrairement à celles des oiseaux, les ailes des insectes ne résultent pas de la transformation de membres existants. Ce papillon a bien deux paires d'ailes et trois paires de pattes.

Les ocelles*
Ils dissuadent certains prédateurs, convaincus qu'ils ont affaire à un animal de plus grande taille.

Plate-forme d'atterrissage
Ce pétale ressemble à l'abdomen d'un bourdon femelle.

Comme une abeille

Les fleurs de cette *Orphys apifera* (orchidée) qui ressemblent à un bourdon femelle, attirent les bourdons mâles. En essayant de s'accoupler avec ce qu'il croit être une partenaire, le bourdon se couvre le corps de pollen. Lorsqu'il tente de s'accoupler avec une autre orchidée, il y dépose son pollen, fécondant ainsi la fleur.

Des écailles

Ces écailles chevauchantes des ailes d'un morpho mâle, papillon d'une forêt d'Amérique du Sud, sont d'un bleu irisé. Ce phénomène est dû à la réflexion de la lumière par les poils striés situés sur les écailles.

Aile postérieure
Cette aile déployée ressemble à une délicate membrane. Au repos, les ailes postérieures sont repliées l'une sur l'autre sous les ailes antérieures.

Toutes mandibules* dehors

Les pièces buccales sont fixées à l'extérieur de la bouche. Les mandibules de cette sauterelle mâcheuse de plantes sectionnent la nourriture avant qu'elle pénètre dans la bouche.

Un couvre-chef
La corne qui orne la tête de cette sauterelle gêne les prédateurs qui veulent l'avaler.

Labre

Hypopharynx

Mandibule

Récepteurs sensoriels
Il existe plusieurs sortes de récepteurs sensoriels à la surface d'une antenne.

Une plaque épaisse
Chez cette punaise, une plaque épaisse recouvre le premier segment du thorax et une partie du deuxième segment.

La tête dure
L'enveloppe de la tête protège le cerveau et possède des attaches pour les muscles qui actionnent les pièces buccales et les antennes.

Le rostre
Le rostre sert à aspirer la nourriture ; il est le plus souvent situé sous le corps. La partie extérieure protège les pièces qui percent et aspirent.

Le thorax
Le thorax est constitué de trois segments. Le premier porte une paire de pattes ; les deux autres une paire de pattes et une paire d'ailes.

Les antennes
L'exosquelette recouvre tous les segments des antennes.

Hanche*

Griffes (elles font partie du tarse segmenté)

Trochanter*

Fémur*

Six pattes
Les insectes ont six pattes, chacune divisée en cinq parties.

Élytre protecteur épais

Tarse segmenté

Tibia

Antenne

Excroissance de la tête

Demi-aile
Les ailes antérieures de cette punaise se composent d'une base protectrice épaisse et d'une fine extrémité membraneuse.

En attendant sa proie

La mante-fleur attend sa proie. Camouflée dans la fleur, elle guette l'abeille ou tout autre insecte qui viendra butiner.

Extrémité membraneuse de l'aile

Aux aguets

Les mantes possèdent de grands yeux et une excellente vue. La tête pivote sur le cou étroit, ce qui permet à l'insecte de voir arriver ses proies. Les mantes oscillent souvent de droite à gauche, pour évaluer les distances et savoir si une proie est à leur portée.

Thorax

Anatomie interne

Les organes internes sont protégés à l'intérieur de l'exosquelette. L'intestin est un long tube qui digère et absorbe la nourriture. Les résidus de nourriture s'accumulent à l'extrémité de l'intestin et sont évacués par l'anus. Le sang, qui circule à travers l'organisme, transporte la nourriture digérée vers les organes. Le cœur en forme de tube pompe le liquide sanguin grâce aux mouvements du corps. L'excrétion est assurée par les tubes de Malpighi* qui ont la même fonction que les reins chez l'homme. Contrairement aux humains, les insectes n'ont pas de poumons et leur sang ne véhicule pas l'oxygène. Ils respirent grâce à des trachées* (p. 18-19). Le cerveau et la chaîne nerveuse coordonnent leurs mouvements.

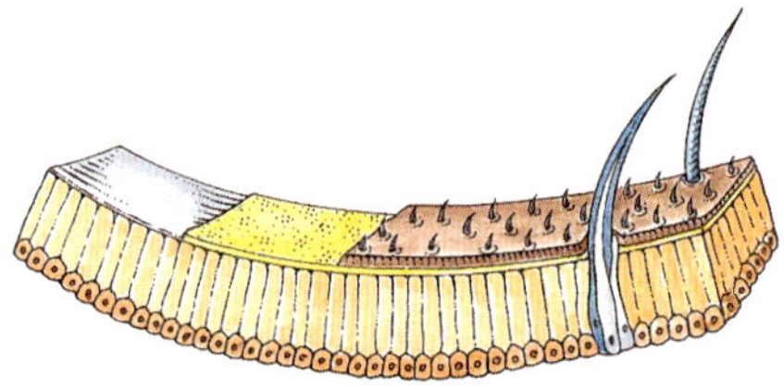

Coupe du squelette
L'exosquelette de l'insecte est composé de couches de chitine produite par des cellules internes.

Le tube digestif et la digestion*

Le tube digestif d'un insecte se divise en trois parties : l'intestin antérieur, de la bouche au gésier ; l'intestin moyen, du cæcum (poche en forme de cul-de-sac communiquant avec le colon et l'intestin grêle) aux tubes de Malpighi, et l'intestin postérieur. La nourriture est emmagasinée dans le jabot. Elle est dissoute par les enzymes* et absorbée dans l'intestin moyen. Les tubes de Malpighi absorbent les résidus contenus dans le sang. Ceux-ci passent dans l'intestin postérieur pour être évacués au moment de l'excrétion. L'eau et les sels contenus dans les résidus sont ingérés par l'intestin postérieur. Puis les résidus passent par le rectum pour être évacués par l'anus.

Signaux lumineux

Certains coléoptères, tel ce taupin, se font reconnaître de leurs partenaires au moyen de signaux lumineux produits par des réactions chimiques cellulaires. Les espèces qui vivent au même endroit utilisent des signaux différents pour ne pas attirer le mauvais partenaire.

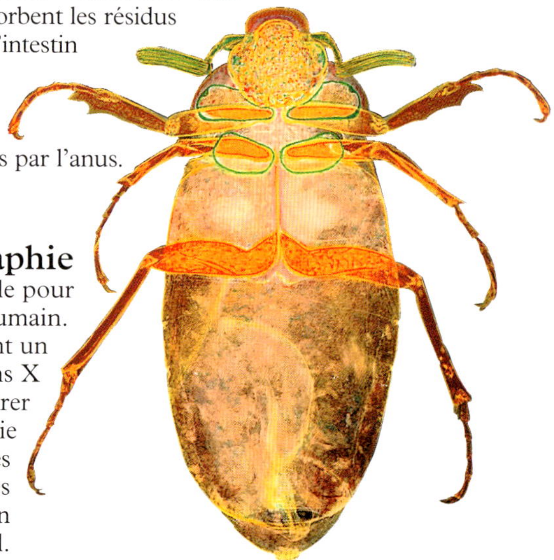

Radiographie

La radiographie est utile pour voir l'intérieur du corps humain. Les insectes possédant un squelette externe, les rayons X ont du mal à pénétrer les tissus. La radiographie de ce hanneton montre les contours de ses pattes et ses antennes en forme d'éventail.

Queues rouges

La chenille de la queue-fourchue aime se cacher au milieu des feuilles. Si on l'attaque, elle essaie d'effrayer l'ennemi. Elle se dresse et dévoile ses deux ocelles. Elle sort ses « queues » rouges dont elle menace l'intrus. En dernier recours, elle fait jaillir de son thorax un liquide irritant.

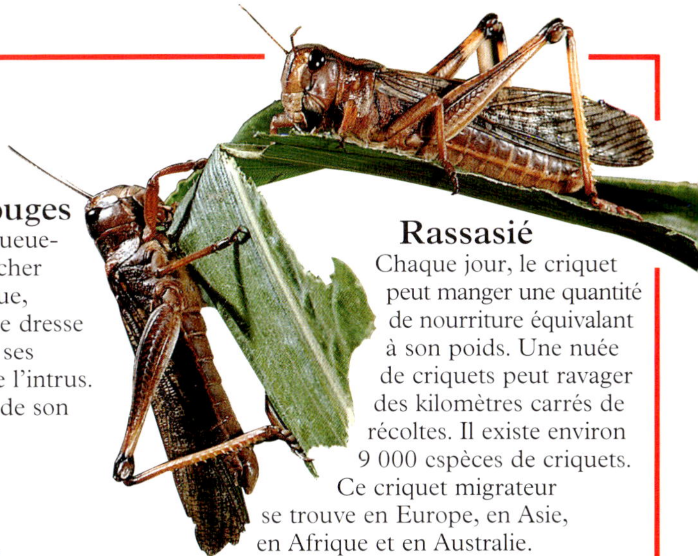

Rassasié

Chaque jour, le criquet peut manger une quantité de nourriture équivalant à son poids. Une nuée de criquets peut ravager des kilomètres carrés de récoltes. Il existe environ 9 000 espèces de criquets. Ce criquet migrateur se trouve en Europe, en Asie, en Afrique et en Australie.

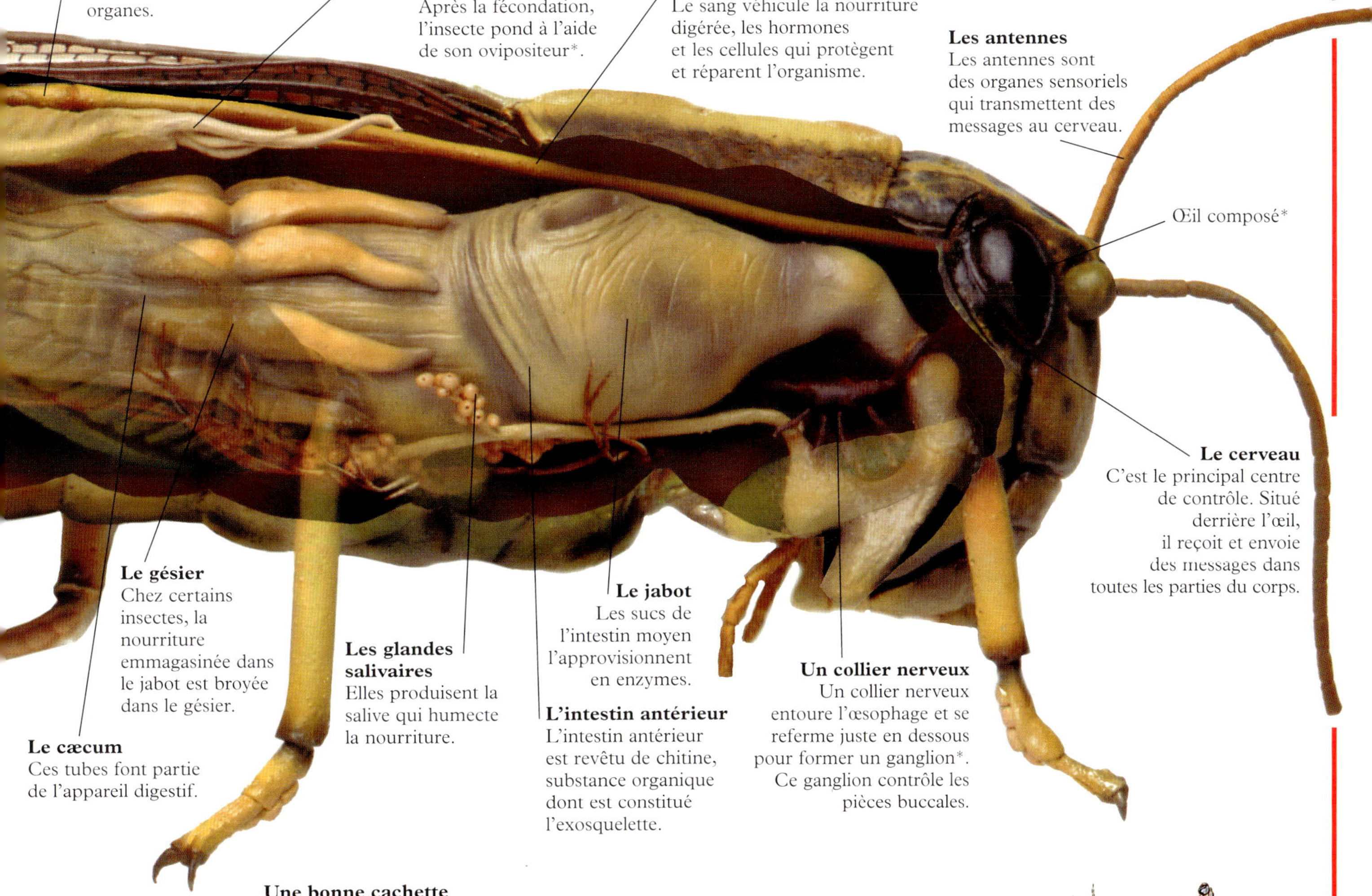

Le cœur
Le sang pénètre dans le cœur par un certain nombre d'orifices. Le cœur pompe le liquide sanguin qui va irriguer le cerveau puis les autres organes.

Les ovaires
Les ovaires produisent les ovules qui seront fécondés par le sperme (p. 36-37). Après la fécondation, l'insecte pond à l'aide de son ovipositeur*.

Le sang
Le sang véhicule la nourriture digérée, les hormones et les cellules qui protègent et réparent l'organisme.

Les antennes
Les antennes sont des organes sensoriels qui transmettent des messages au cerveau.

Le cerveau
C'est le principal centre de contrôle. Situé derrière l'œil, il reçoit et envoie des messages dans toutes les parties du corps.

Le gésier
Chez certains insectes, la nourriture emmagasinée dans le jabot est broyée dans le gésier.

Le jabot
Les sucs de l'intestin moyen l'approvisionnent en enzymes.

Les glandes salivaires
Elles produisent la salive qui humecte la nourriture.

Un collier nerveux
Un collier nerveux entoure l'œsophage et se referme juste en dessous pour former un ganglion*. Ce ganglion contrôle les pièces buccales.

L'intestin antérieur
L'intestin antérieur est revêtu de chitine, substance organique dont est constitué l'exosquelette.

Le cæcum
Ces tubes font partie de l'appareil digestif.

Une bonne cachette
La larve de la cicadelle est recouverte d'un liquide écumeux.

Écume à domicile

La larve de la cicadelle produit une écume qui la protège des prédateurs. La cachette n'est pas toujours efficace : il arrive qu'un oiseau s'aperçoive qu'il y a un insecte savoureux à l'intérieur. De minuscules guêpes percent l'écume et pondent leurs œufs dans la larve.

La ponte

La femelle du criquet pond ses œufs dans un sol mou et humide. Elle enfonce son ovipositeur dans la terre et pond une masse écumeuse d'œufs. Les jeunes naissent dans le sol. Ils en sortiront par leurs propres moyens en creusant une galerie pour venir se nourrir à la surface.

Buveur de sang

Moustique mâle
Seule la femelle se nourrit de sang humain.

Le moustique utilise ses pièces buccales pour percer la peau et aspirer le sang. La démangeaison qui en résulte est due au mélange de substances que l'insecte injecte avant de sucer le sang. Ce mélange fait couler le sang plus vite et l'empêche de coaguler. Seule la femelle aspire le sang, dont les protéines aident au développement des œufs. Le mâle se contente de petites gorgées de liquides sucrés, tel le nectar*. La femelle se pose sur les humains en se repérant grâce au gaz carbonique rejeté par la respiration. Elle utilise ses pièces buccales pour explorer la peau à la recherche d'un vaisseau capillaire. Chez certaines espèces, la femelle peut provoquer la mort en transmettant le paludisme, une maladie due à un parasite* qui se développe dans le sang. Chaque année, elle tue près de deux millions d'individus. La femelle se nourrit sur une personne infectée et injecte sa salive dans la peau d'une personne saine qu'elle contamine. D'autres insectes, telle la mouche tsé-tsé, transmettent aussi des maladies.

Prédateurs
Les réduves sont tous des prédateurs qui se nourrissent du sang de leurs victimes.

Maladie de Chagas

Cette punaise tropicale développe un parasite en absorbant du sang humain et infecte ensuite ses victimes, principalement les jeunes enfants, en déposant ses excréments sur leurs muqueuses buccales, oculaires ou nasales. Sa piqûre se caractérise par une boursouflure de la face, parfois suivie de troubles cardiaques et nerveux pouvant entraîner la mort.

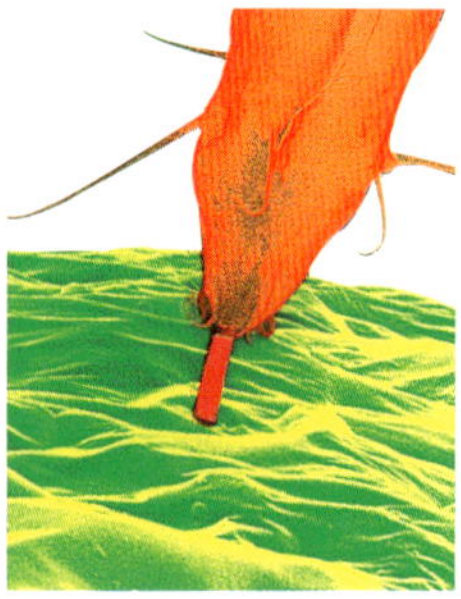

Buveur de sève

Le puceron se nourrit de la tige ou de la sève des plantes. Ses pièces buccales percent la surface de la feuille. La salive pénètre dans la plante et digère la sève qui peut alors être aspirée.

Piqûre douloureuse

La piqûre des mouches noires irrite la peau humaine et animale. Elle peut provoquer la mort du bétail et des chevaux par empoisonnement du sang.

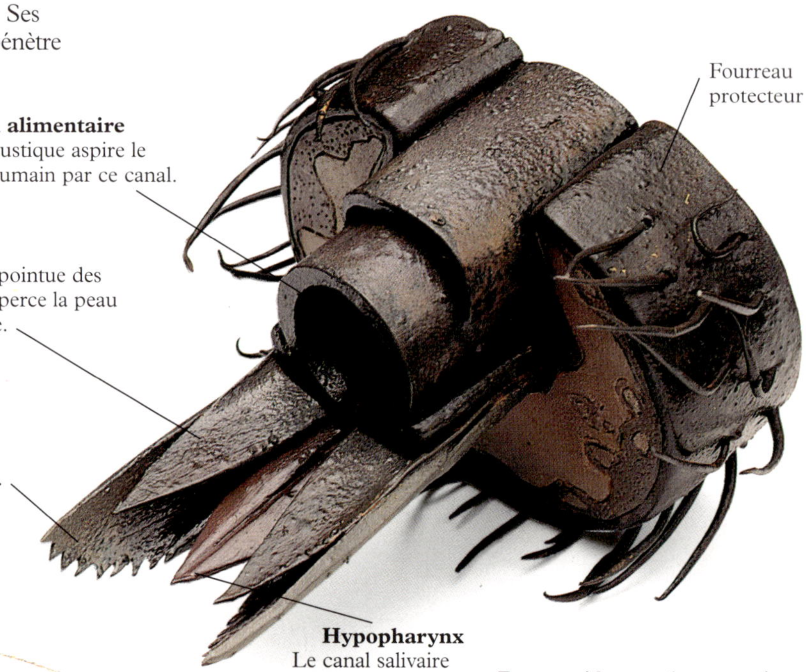

Canal alimentaire
Le moustique aspire le sang humain par ce canal.

Mandibule
L'extrémité pointue des mandibules perce la peau de la victime.

Maxillaire
Les bords en dents de scie coupent la peau.

Fourreau protecteur

Hypopharynx
Le canal salivaire descend le long de l'hypopharynx en transportant des substances qui fluidifient le sang.

Les pièces buccales

Au repos, les pièces buccales piqueuses et suceuses du moustique sont protégées par un fourreau. Les mandibules et les maxillaires perceurs sont parfois appelés « stylets ».

De nombreuses victimes

Il existe plus de 3 000 espèces de moustiques dont la plupart se nourrissent de sang. Ils piquent les hommes, les petits mammifères, le bétail, les oiseaux, les serpents et même les périophtalmes, des poissons qui passent une partie de leur journée hors de l'eau.

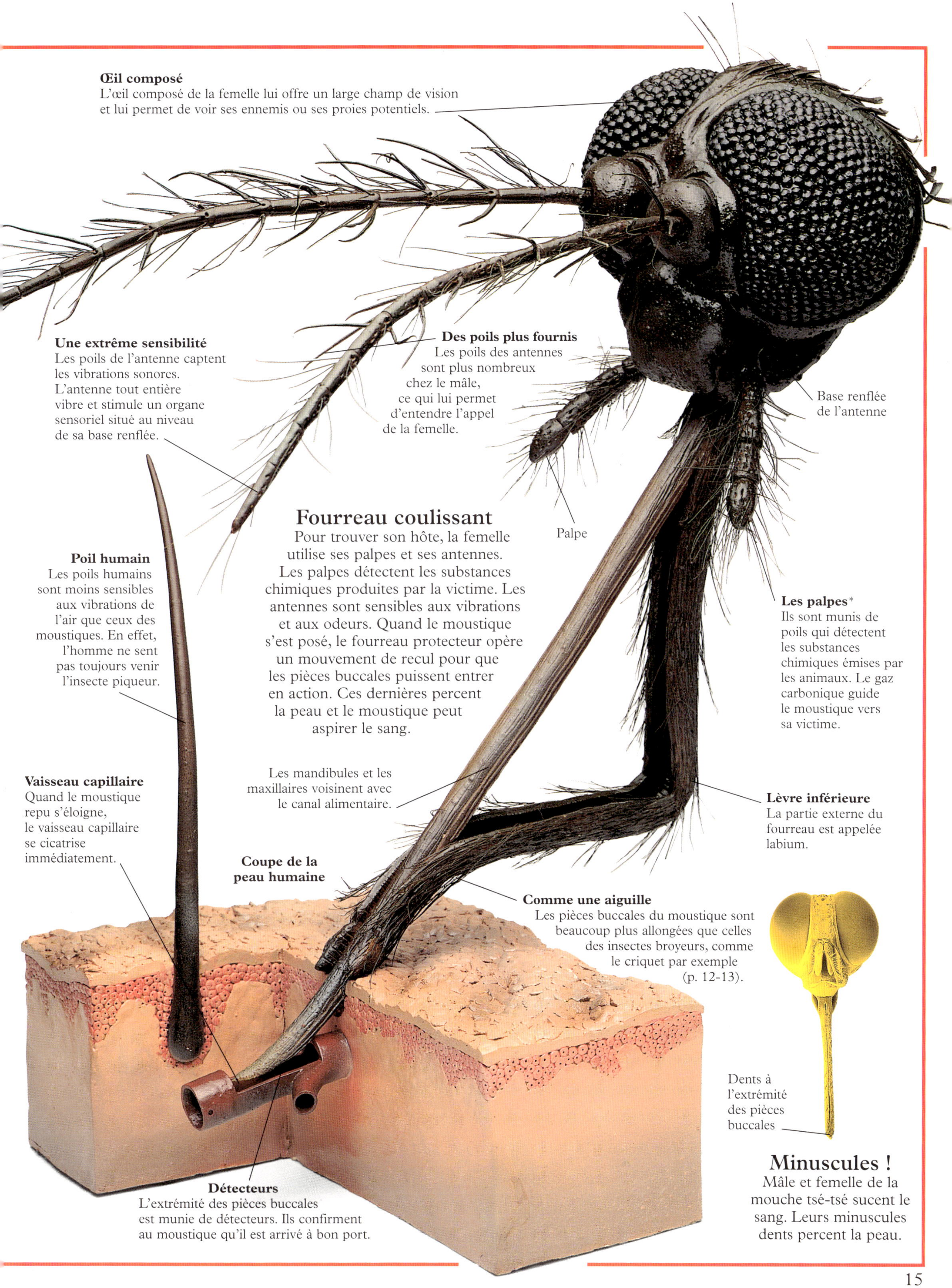

Œil composé
L'œil composé de la femelle lui offre un large champ de vision et lui permet de voir ses ennemis ou ses proies potentiels.

Une extrême sensibilité
Les poils de l'antenne captent les vibrations sonores. L'antenne tout entière vibre et stimule un organe sensoriel situé au niveau de sa base renflée.

Des poils plus fournis
Les poils des antennes sont plus nombreux chez le mâle, ce qui lui permet d'entendre l'appel de la femelle.

Base renflée de l'antenne

Palpe

Fourreau coulissant

Pour trouver son hôte, la femelle utilise ses palpes et ses antennes. Les palpes détectent les substances chimiques produites par la victime. Les antennes sont sensibles aux vibrations et aux odeurs. Quand le moustique s'est posé, le fourreau protecteur opère un mouvement de recul pour que les pièces buccales puissent entrer en action. Ces dernières percent la peau et le moustique peut aspirer le sang.

Poil humain
Les poils humains sont moins sensibles aux vibrations de l'air que ceux des moustiques. En effet, l'homme ne sent pas toujours venir l'insecte piqueur.

Les palpes*
Ils sont munis de poils qui détectent les substances chimiques émises par les animaux. Le gaz carbonique guide le moustique vers sa victime.

Vaisseau capillaire
Quand le moustique repu s'éloigne, le vaisseau capillaire se cicatrise immédiatement.

Les mandibules et les maxillaires voisinent avec le canal alimentaire.

Lèvre inférieure
La partie externe du fourreau est appelée labium.

Coupe de la peau humaine

Comme une aiguille
Les pièces buccales du moustique sont beaucoup plus allongées que celles des insectes broyeurs, comme le criquet par exemple (p. 12-13).

Dents à l'extrémité des pièces buccales

Minuscules !

Mâle et femelle de la mouche tsé-tsé sucent le sang. Leurs minuscules dents percent la peau.

Détecteurs
L'extrémité des pièces buccales est munie de détecteurs. Ils confirment au moustique qu'il est arrivé à bon port.

Comme une éponge

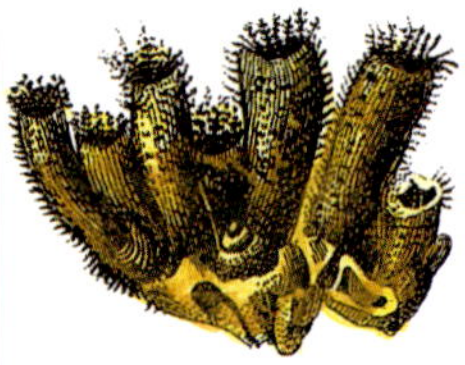

La plupart des éponges vivent dans la mer.

La plupart des espèces de mouches domestiques possèdent des pièces buccales qui absorbent la nourriture liquide comme une éponge. Elles apprécient les substances molles, y compris la viande et les excréments. Elles liquéfient la nourriture solide en vomissant dessus, puis, grâce à leurs sucs digestifs et à leur salive, elles la décomposent. Les mouches apprécient les aliments de nos cuisines. Mais elles peuvent les contaminer par les germes « ramassés » dans les ordures ou sur les excréments. Il faut donc mettre notre nourriture à l'abri de ces insectes peu hygiéniques.

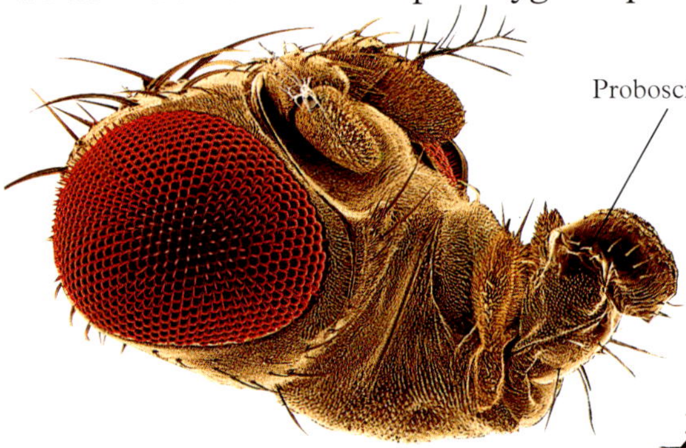

Portrait d'une mouche

La drosophile utilise son proboscis* pour se nourrir. Elle étire cet organe buccal quand ses papilles gustatives sont stimulées. Le proboscis est muni de nombreuses papilles gustatives qui indiquent à l'insecte si la nourriture est bonne.

Papilles gustatives
La mouche possède des papilles gustatives à l'extrémité des pattes. Posée sur une surface, elle détecte si elle est mangeable.

Pattes poilues
Les poils des pattes de la lucilie sont sensibles au toucher et aux vibrations de l'air. Elles peuvent devenir de véritables nids à microbes.

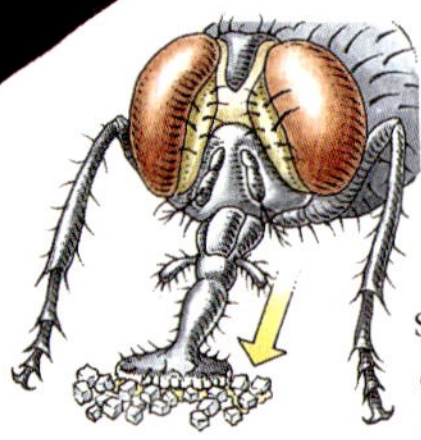

Mouillée

La mouche mouille la nourriture avec sa salive et ses sucs digestifs contenant des enzymes.

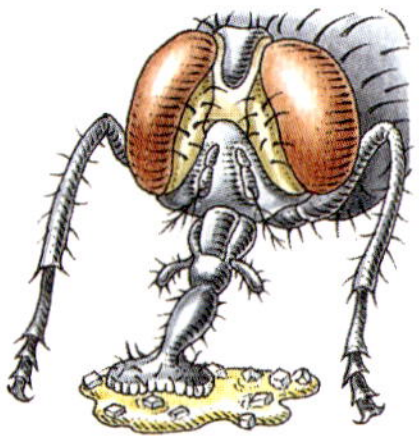

La bouillie

Les enzymes décomposent la nourriture et la transforment en une bouillie liquide. Ainsi, la nourriture est prédigérée.

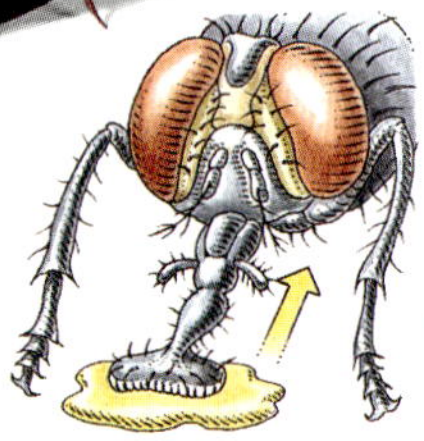

Manger

Quand la nourriture est suffisamment liquide, la mouche l'absorbe comme une éponge. Elle l'aspire avec son proboscis.

Le proboscis

Grâce à son tube double, la salive descend d'un côté, et la nourriture monte de l'autre.

Transmission des microbes
Les microbes qui se trouvent sur le proboscis et les pattes de la mouche bleue peuvent contaminer la fourchette.

Des mangeuses malsaines

La mouche bleue se nourrit des aliments restés sur une fourchette. Elle peut y laisser des microbes qui provoquent des maladies. En été, les femelles entrent dans les cuisines, attirées par la viande ou le poisson sur lesquels elles pondent leurs œufs. Les mâles préfèrent se nourrir du nectar des fleurs.

L'heure du dîner
Ce réduve se nourrit d'une abeille.

La punaise des lits

Cette punaise perce la peau des humains dont elle suce le sang, et sa salive provoque une boursouflure. Elle vit sous le papier peint, dans les meubles et le parquet. Elle sort la nuit pour se nourrir. C'est une habituée des logements insalubres et elle se développe dans les endroits où l'hygiène laisse à désirer.

Le réduve assassin

Certains réduves capturent d'autres insectes. Leurs pièces buccales percent les parties tendres de l'exosquelette de leur proie. Ils y injectent des enzymes qui transforment les organes de la victime en bouillie dont ils se nourrissent.

Un festin

La lucilie tend ici son proboscis pour se nourrir. À l'extrémité de cette sorte de trompe, on voit les deux lobes charnus qu'elle presse contre la nourriture. Les lucilies volent autour des poubelles et des excréments de chiens. Les femelles pondent souvent leurs œufs près des blessures sur la peau des moutons. L'asticot se nourrit ensuite de la chair du mouton.

Le corps de la lucilie est d'un gris métallisé.

Les œufs de la mouche domestique
Par temps chaud et humide, les œufs sont pondus par paquets et éclosent au bout de 24 heures.

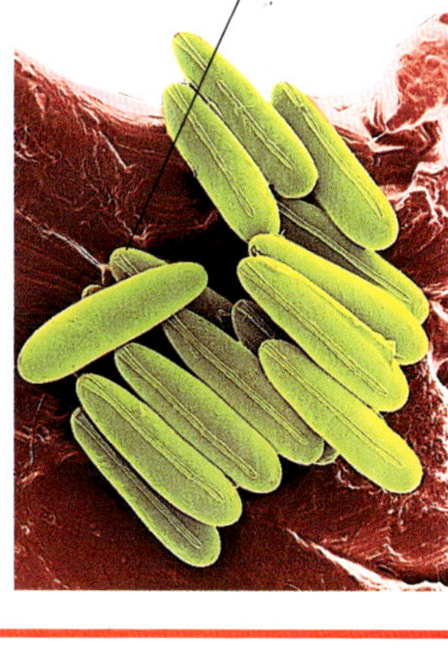

La ponte

La mouche pond ses œufs sur la viande, les végétaux, les excréments et les cadavres, qui fourniront sa nourriture à l'asticot.

Orifices respiratoires

Les insectes absorbent l'oxygène de l'air par une série de trous appelés stigmates*. Ces stigmates sont situés de chaque côté du corps. Ils s'ouvrent et se ferment pour laisser entrer ou sortir l'air. Ils sont reliés à un système de tubes appelés trachées. Ces dernières se divisent en ramifications qui véhiculent l'oxygène dans tout l'organisme. La plus grande partie du gaz carbonique rejeté par la respiration traverse les trachées avant de sortir par les stigmates. Une certaine quantité de gaz carbonique reste à la surface du corps. Certains insectes possèdent des poches aériennes reliées aux trachées. La circulation de l'air dans ces poches est facilitée par les mouvements des segments abdominaux. Les muscles reçoivent ainsi une quantité d'oxygène suffisante. Au moment de la mue, l'insecte se débarrasse aussi de ses trachées, reliées à l'exosquelette.

Chenille
Les stigmates de la chenille du paon de nuit ressemblent, fermés, à des ovales orange.

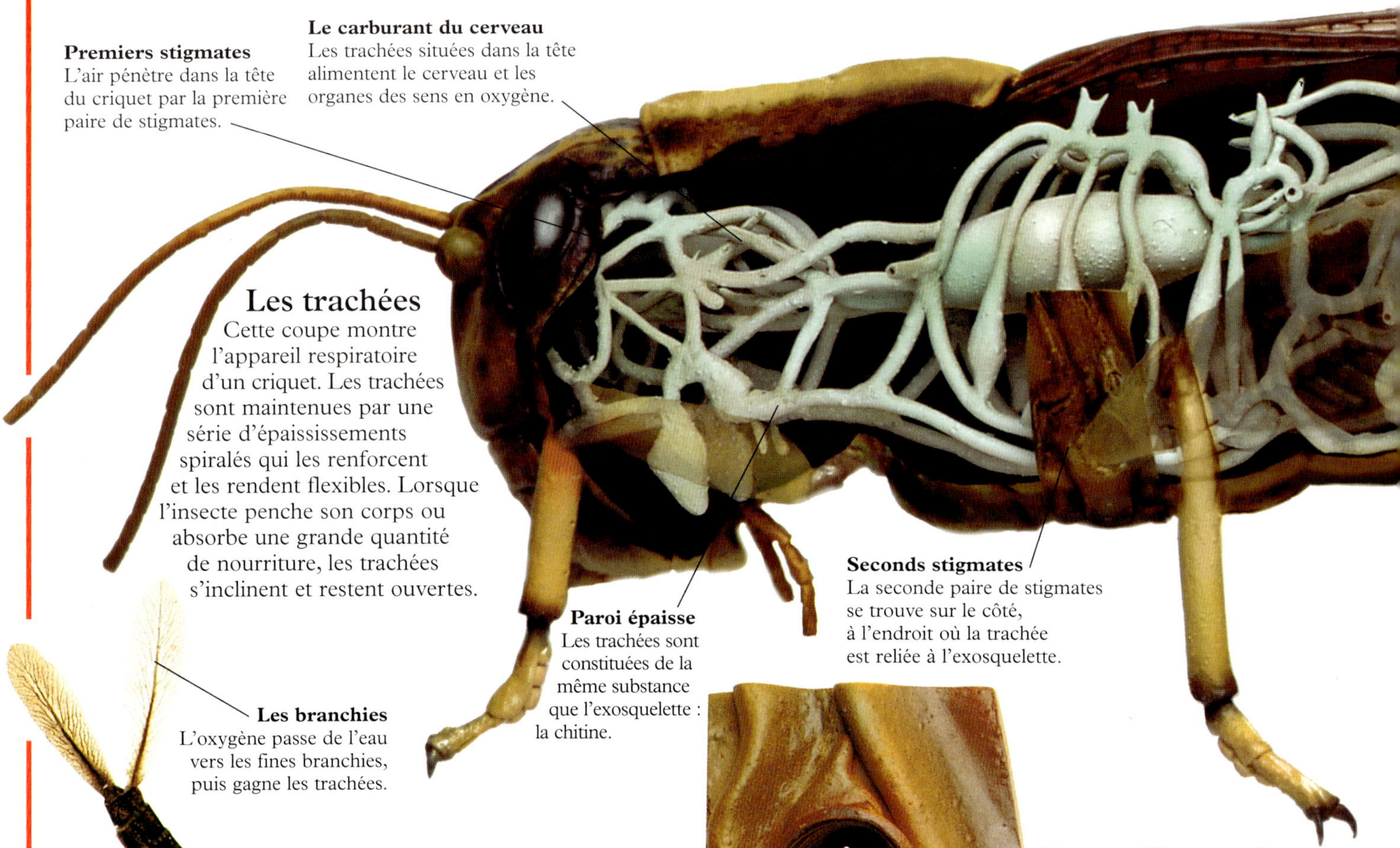

Premiers stigmates
L'air pénètre dans la tête du criquet par la première paire de stigmates.

Le carburant du cerveau
Les trachées situées dans la tête alimentent le cerveau et les organes des sens en oxygène.

Les trachées
Cette coupe montre l'appareil respiratoire d'un criquet. Les trachées sont maintenues par une série d'épaississements spiralés qui les renforcent et les rendent flexibles. Lorsque l'insecte penche son corps ou absorbe une grande quantité de nourriture, les trachées s'inclinent et restent ouvertes.

Paroi épaisse
Les trachées sont constituées de la même substance que l'exosquelette : la chitine.

Seconds stigmates
La seconde paire de stigmates se trouve sur le côté, à l'endroit où la trachée est reliée à l'exosquelette.

Les branchies
L'oxygène passe de l'eau vers les fines branchies, puis gagne les trachées.

La larve de la demoiselle
La larve de la demoiselle (libellule) vit en eau douce. Elle respire grâce à des branchies situées à l'extrémité de l'abdomen.

Embryons d'ailes
Le développement des embryons d'ailes montre qu'il s'agit ici d'une larve en fin de croissance.

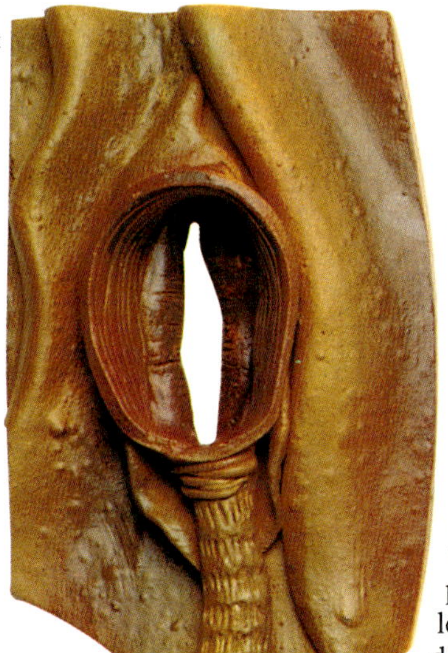

Des orifices utiles
Chaque stigmate de la seconde paire contient un muscle qui joint les lèvres du stigmate et permet sa fermeture. Quand le muscle se relâche, les lèvres s'écartent et le stigmate s'ouvre. D'autres stigmates peuvent posséder deux jeux de muscles, un pour l'ouverture, l'autre pour la fermeture. Fermer les stigmates prévient la perte d'humidité du corps. Ce phénomène est très important chez les insectes vivant en milieu sec.

De véritables siphons

Les larves de moustiques vont respirer à la surface de l'eau. Elles aspirent l'air par un siphon situé à l'extrémité de leur abdomen. Elles se déplacent rapidement en se tortillant, la queue la première, ou en faisant vibrer les brosses qui entourent la bouche et filtrent la nourriture contenue dans l'eau.

Ramifications

Les trachées se divisent en ramifications de plus en plus fines appelées trachéoles. L'extrémité des trachéoles pénètre dans les organes, par exemple les muscles, où l'oxygène est absorbé.

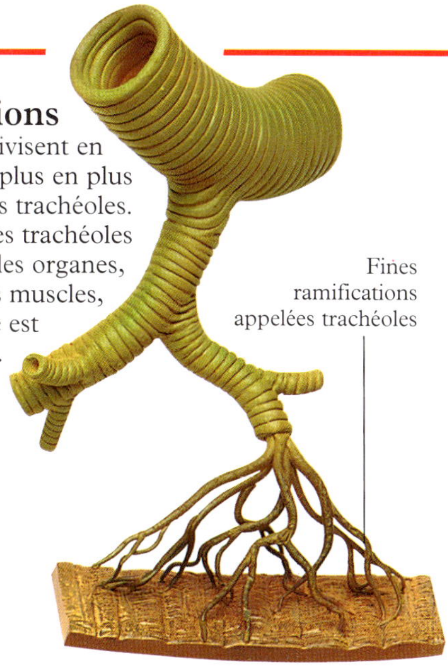

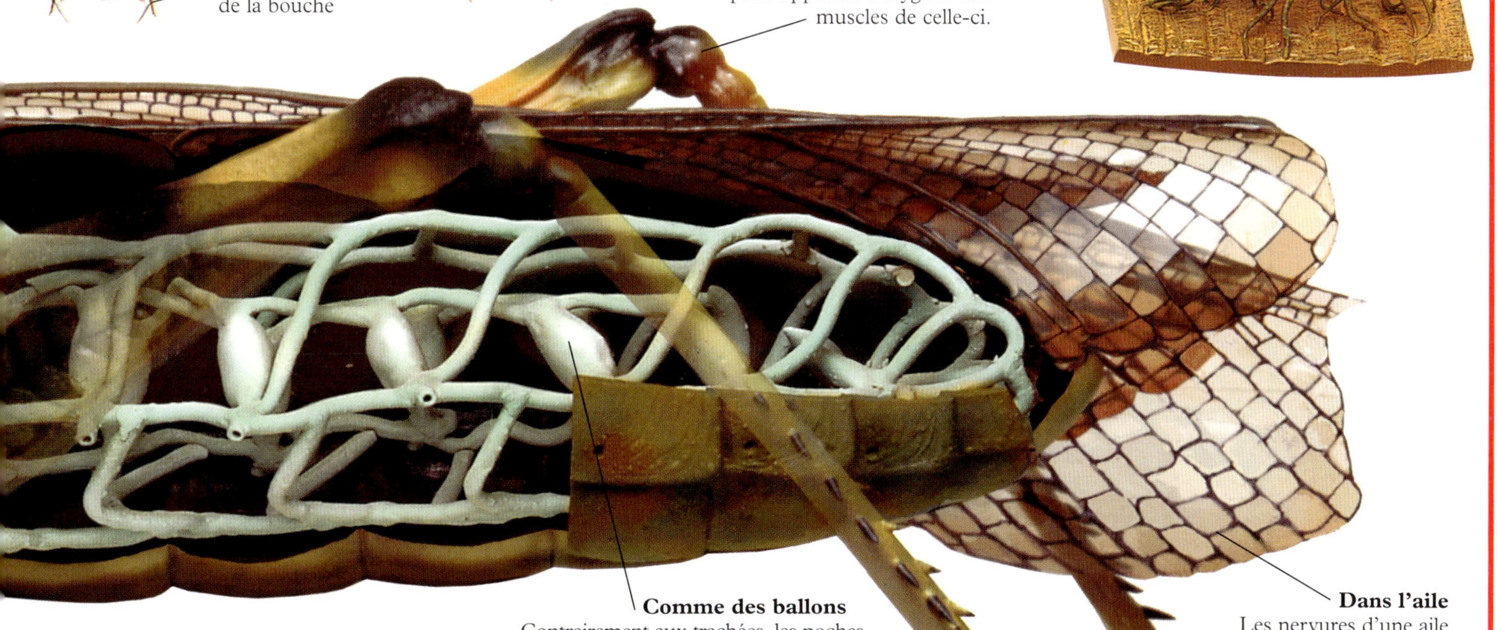

Dans la patte
Les trachées longent la patte pour apporter l'oxygène aux muscles de celle-ci.

Comme des ballons
Contrairement aux trachées, les poches aériennes ont des parois fines. Elles se gonflent et se dégonflent comme un ballon pour contrôler le passage de l'air. Les plus grandes poches aériennes se trouvent dans le thorax. Elles approvisionnent en oxygène les muscles qui permettent le vol.

Dans l'aile
Les nervures d'une aile d'insecte renferment des trachées et des vaisseaux sanguins.

Respirer proprement

Cet agrandissement photographique montre les poils situés à l'intérieur d'un stigmate. Leur rôle est de filtrer la poussière et la saleté. Les poils qui se trouvent à l'intérieur des narines de l'homme ont la même fonction.

Le dytique

Le dytique emmagasine l'air sous ses ailes antérieures pour pouvoir respirer sous l'eau. Il sort régulièrement de l'eau pour se réapprovisionner en air.

La naucore

Le dessous de cette punaise est couvert de poils qui captent les bulles d'air. Le réapprovisionnement en oxygène s'effectue dans l'eau.

Des yeux à fleur de tête

Cette maquette impressionnante montre les yeux protubérants du taon, très différents des yeux humains. Les insectes ont des yeux composés de nombreuses facettes (ommatidies*). Plus l'œil est gros, plus il comporte de facettes. La femelle du taon, par exemple, doit avoir une bonne vue pour repérer les animaux et les humains dont elle suce le sang. Chacune des facettes ne perçoit qu'une partie du champ de vision. Chaque signal est probablement interprété par le cerveau comme une partie d'une mosaïque d'images. Les yeux de l'insecte détectent le moindre mouvement, parce que les différentes facettes sont stimulées dès que quelque chose bouge dans son champ de vision.

Des lentilles à six faces
La lumière traverse la lentille de chaque facette.

Le taon
Le mâle et la femelle possèdent d'énormes yeux composés irisés. Seule la femelle se nourrit de sang. Les mâles se servent de leurs yeux pour dépister les substances sucrées dont ils se nourrissent.

Rayures et bandes
Les bandes colorées de l'œil composé du taon sont dues aux ondes lumineuses qui se reflètent à la surface des lentilles. Certaines ondes lumineuses sont éliminées, d'autres sont renforcées. Les yeux des sauterelles et des libellules montrent des rayures et des taches dues aux différentes concentrations de pigments dans les cellules qui entourent les cristallins.

Poils protecteurs
L'asile (sorte de taon) capture ses proies en vol. Des poils protègent ses yeux des soubresauts de sa victime.

Vision panoramique
Les yeux de cette libellule se rejoignent au sommet de la tête. Elle voit au-dessus, en dessous, sur les côtés et derrière elle.

Un grand écart
Les yeux très écartés de cette demoiselle lui permettent d'évaluer les distances. Sa tête pivote sur son cou étroit.

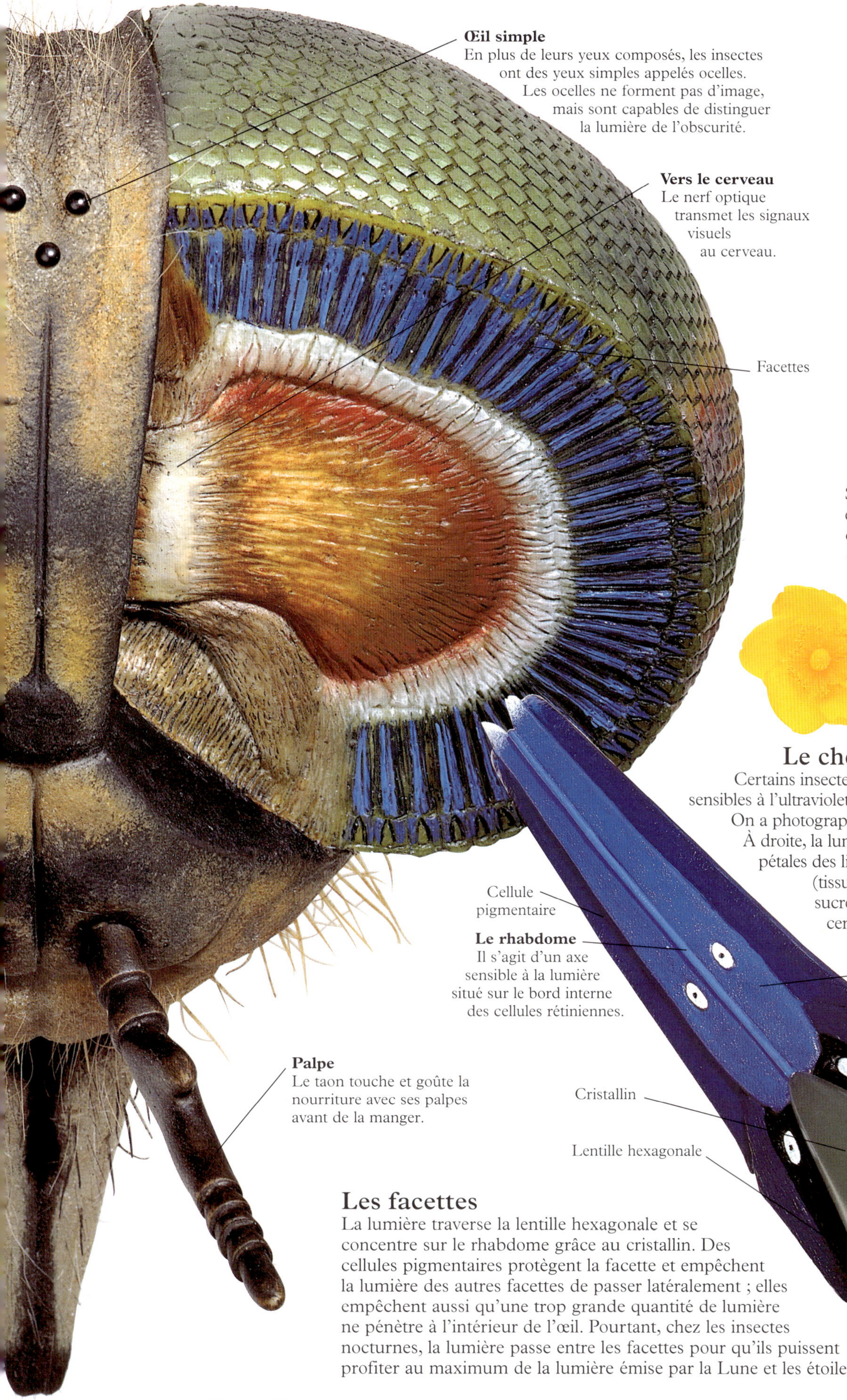

Les facettes

La lumière traverse la lentille hexagonale et se concentre sur le rhabdome grâce au cristallin. Des cellules pigmentaires protègent la facette et empêchent la lumière des autres facettes de passer latéralement ; elles empêchent aussi qu'une trop grande quantité de lumière ne pénètre à l'intérieur de l'œil. Pourtant, chez les insectes nocturnes, la lumière passe entre les facettes pour qu'ils puissent profiter au maximum de la lumière émise par la Lune et les étoiles.

Rangées de lentilles

Cet agrandissement montre la surface de l'œil composé d'un moustique.

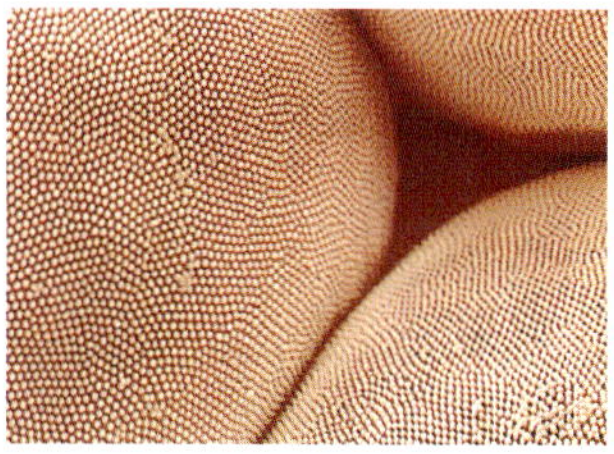

Surface granuleuse

Sur cette image plus agrandie encore de l'œil du moustique, on voit bien que la surface de chaque lentille n'est pas lisse.

Le chemin des nectaires*

Certains insectes détectent les couleurs et sont sensibles à l'ultraviolet, imperceptible à l'œil humain. On a photographié deux fois la fleur ci-dessus. À droite, la lumière ultraviolette révèle sur les pétales des lignes qui mènent aux nectaires (tissus qui produisent une sécrétion sucrée). Contrairement à l'homme, certains insectes, comme l'abeille, perçoivent ces lignes.

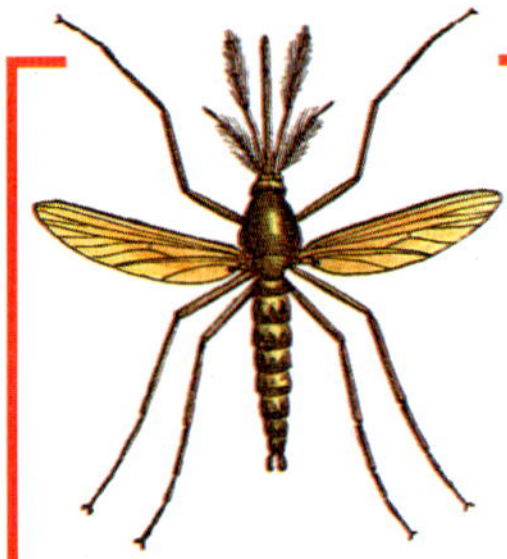

À tâtons

Les antennes des insectes ne sont pas seulement les organes du toucher. Elles sont munies d'une quantité d'autres récepteurs sensoriels. Chez certains insectes, tels les mâles du moucheron et du moustique, les antennes sont tellement sensibles aux vibrations qu'elles jouent le rôle d'oreilles. La mouche contrôle sa vitesse grâce à ses antennes qui mesurent le déplacement de l'air. Les antennes de certains insectes captent aussi les odeurs : grâce à ses antennes, le paon de nuit capte celle d'une femelle à des kilomètres de distance. Les organes gustatifs des antennes sont aussi stimulés lorsqu'ils sont en contact avec la nourriture. De fait, les organes sensoriels sont répartis sur tout le corps : les poils qui recouvrent les pattes et le corps sont sensibles au toucher.

Les antennes de la guêpe sont en forme de massue.

La tête de la guêpe

Pour la guêpe, les antennes font fonction d'organes de l'odorat et du toucher. Au moment de la construction de son nid, ses antennes lui servent à en vérifier les dimensions ; elles lui servent aussi à goûter des substances sucrées, comme la confiture.

Un déguisement réussi
Les ailes transparentes de ce papillon de nuit trompent les prédateurs qui croient avoir affaire à un bourdon armé d'un aiguillon.

Les antennes du papillon détectent l'odeur de la fleur.

Antenne du sphinx gazé

Antenne plumeuse

De nombreux papillons de nuit portent des antennes dont la forme évoque une plume. Les antennes des mâles sont plus développées que celles des femelles : elles leur servent à détecter les odeurs émises par les femelles.

Extrémité plumeuse de l'antenne du sphinx gazé

Extrémité en massue de l'antenne d'une piéride du chou

Comme une abeille

Contrairement à la plupart des papillons de nuit, le sphinx gazé est actif pendant la journée. Grâce à ses antennes, il repère les fleurs à leur parfum. Lorsqu'il en a trouvé une, il se délecte de son nectar.

De vraies massues

On peut distinguer un papillon de jour d'un papillon de nuit en regardant ses antennes. Habituellement, les papillons de jour possèdent des antennes en forme de massue ; les papillons de nuit, des antennes plumeuses.

Dans une grotte
Ce grillon des cavernes a été découvert au Nigeria.

Dans l'obscurité

Les antennes exceptionnellement longues de ce grillon lui permettent de se repérer dans le noir. Elles sont sensibles aux courants et aux vibrations de l'air et avertissent l'insecte de la présence d'autres animaux.

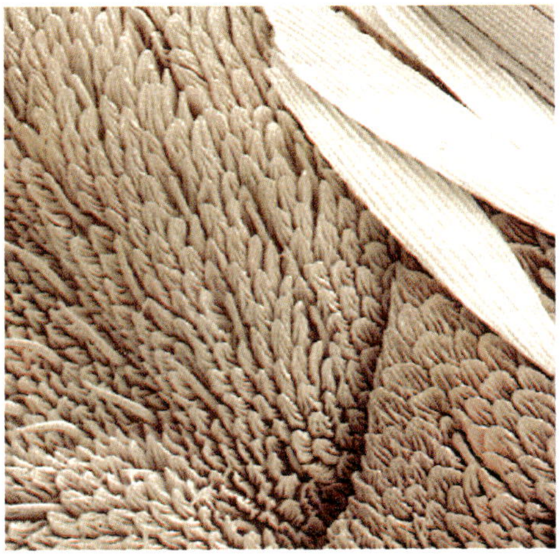

Une surface très sensible

Le microscope électronique permet de voir les poils sensoriels d'une antenne de piéride du chou. Les poils détectent certaines odeurs, notamment celle des fleurs dont ce papillon apprécie le nectar. Elles détectent aussi les odeurs des feuilles sur lesquelles la femelle pondra ses œufs. Si on lui enlève ses antennes, le papillon continue néanmoins à sentir, grâce à ses autres organes sensoriels.

Gros plan

Cet agrandissement au microscope électronique montre les deux types de poils sensoriels de l'antenne de la piéride du chou.

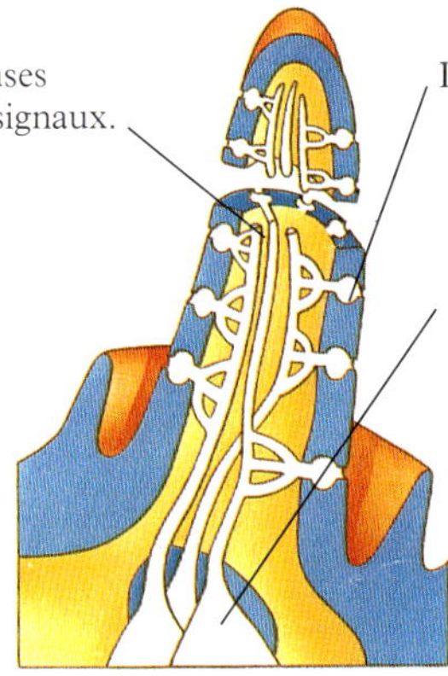

Des poils à fleur de peau

Certains poils (setæ*) détectent les odeurs grâce à une série de pores situés dans leurs parois. Chaque poil sensoriel de l'antenne du bombyx du ver à soie mâle possède 3 000 pores. Chaque antenne possède 17 000 poils sensoriels, qui servent à détecter les odeurs émises par les femelles.

Une antenne coudée
Les antennes coudées du charançon sont situées de part et d'autre de son long museau.

Les poils sensoriels
L'extrémité de l'antenne est couverte de poils sensoriels qui entrent en contact avec la surface de la plante dont le charançon se nourrit.

Un museau touffu
À l'aide de leur museau touffu, les mâles de ce charançon se battent pour les femelles.

Avec prudence

Le charançon se nourrit de végétaux. La femelle pond sur ou dans des tissus végétaux, dont les troncs d'arbres fraîchement coupés et les graines. Avec l'extrémité de ses antennes, le charançon explore la plante dont il se nourrit pour recueillir des informations chimiques.

Ils chantent !

Les insectes mâles émettent des sons pour séduire les femelles. La plupart procèdent par frottement d'une partie du corps contre une autre. La cigale mâle fait résonner deux plaques convexes situées de chaque côté de son abdomen. Certains insectes possèdent des organes auditifs leur permettant d'entendre, entre autres, les sons émis par les prédateurs ou le chant de leurs partenaires. Ces organes, situés sur le corps ou les pattes, reçoivent les sons portés par l'air et détectent ceux qui traversent des surfaces solides. La vrillette mâle tambourine avec sa tête sur les poutres. La femelle qui l'entend, grâce au son capté par ses pieds, lui répond de la même façon.

Un joyeux chanteur

Les criquets produisent des sons en frottant leurs fémurs postérieurs munis de tubercules contre les nervures des ailes antérieures. Les mâles procèdent ainsi pour attirer leurs partenaires et pour avertir les autres mâles de leur présence.

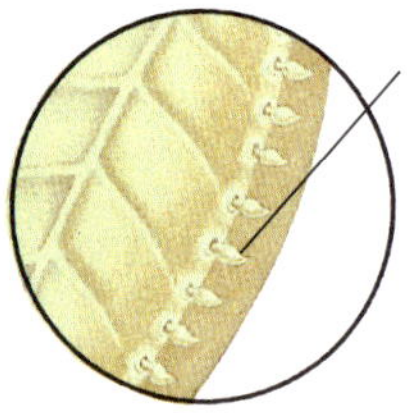

Image agrandie des tubercules situés sur la patte postérieure du criquet

L'orifice auditif

Les sauterelles et les grillons possèdent une paire de fentes auditives sur les pattes antérieures, ainsi qu'une paire d'orifices auditifs à la base des pattes (p. 18-19). Ces orifices sont des stigmates modifiés, reliés à une trachée longeant les pattes antérieures. Les vibrations descendent le long des trachées jusqu'aux organes auditifs. L'orifice auditif capte les sons environnants ; les fentes détectent la direction d'où vient le son.

Les autres sens
Les sauterelles et les grillons ont de longues antennes qui détectent les vibrations sonores.

Le tympan

La membrane du tympan vibre quand une onde sonore lui parvient. Les cellules nerveuses sont stimulées et transmettent les messages au cerveau.

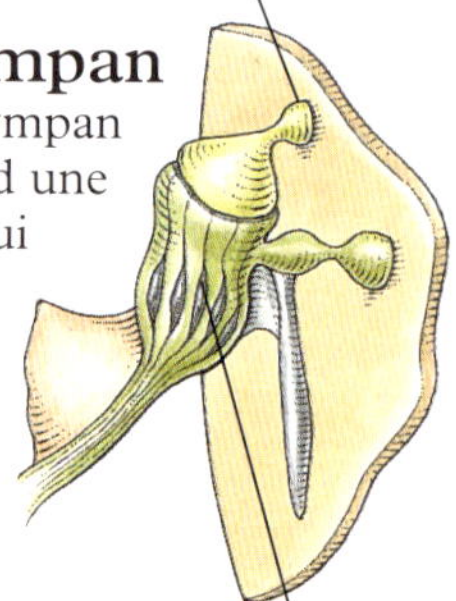

Les fentes auditives

Vue au microscope d'une fente auditive située sur la patte antérieure d'un grillon.

Les orifices auditifs
À la base des pattes antérieures de la sauterelle se trouvent les orifices auditifs.

Fente auditive sur la patte antérieure

Une longue vie

Cette cigale, qui vit à l'est des États-Unis, est âgée de 17 ans. On la voit ici quitter son ancien exosquelette, après avoir passé 17 ans sous terre à l'état de larve, en se nourrissant de la sève des racines des arbres. Tous les adultes sortent de terre en même temps : ils sont prêts à s'accoupler immédiatement.

Le temps d'une chanson

Les cigales comptent parmi les insectes les plus bruyants – on peut les entendre à des kilomètres. Les mâles attirent les femelles par leur chant. Pourtant les prédateurs ont du mal à les repérer : ils maîtrisent l'art du camouflage et il est difficile de savoir d'où vient le son.

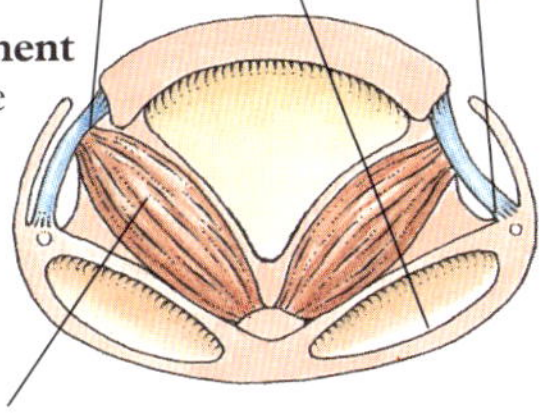

Les cymbales

Les cigales produisent leur chant en soumettant à des pressions et des relâchements deux structures semblables à des couvercles. Cette coupe de la région ventrale montre les cymbales situées de chaque côté de l'abdomen.

Aile contre aile

La stridulation des sauterelles et des grillons est produite par le frottement des deux ailes. Une des ailes possède une nervure dure qui porte une rangée de dents dont le frottement fait vibrer l'autre aile.

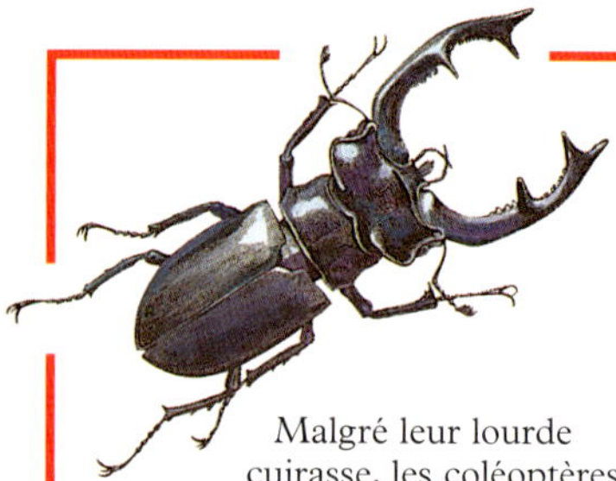

Malgré leur lourde cuirasse, les coléoptères sont capables de marcher, de courir et de voler.

Des pattes puissantes

Les fines pattes de l'insecte peuvent se replier grâce aux muscles qu'elles contiennent. Toutefois, les muscles qui permettent de marcher, de courir ou de nager se trouvent à l'intérieur du thorax. Lorsque l'insecte marche ou court, trois de ses six pattes sont à tout moment en contact avec le sol. Cela forme un trépied stable : une patte antérieure et une patte postérieure d'un côté du corps et la patte du milieu du côté opposé reposent sur le sol. Les insectes utilisent leurs pattes antérieures pour toutes sortes de tâches. La mante religieuse s'en sert pour capturer ses proies.

Bien viser
Les mantes religieuses sont des prédateurs qui saisissent tout ce qui passe à leur portée. Celle-ci convoite une mouche savoureuse. Grâce à ses balancements latéraux, chaque œil de la mante perçoit nettement la proie.

La mouche n'a pas encore remarqué la présence de la mante.

Sur la pointe des pieds
Au repos, la fine extrémité de la patte se replie. C'est cette partie de la patte que la mante pose sur le sol quand elle marche.

Mouvement d'approche
La mante avance lentement et commence à déplier ses pattes antérieures. La mouche risque de s'envoler en une fraction de seconde. La mante doit donc veiller à rester invisible jusqu'à ce que la proie soit à sa portée.

Un piège mortel
La mouche est prisonnière entre les pattes antérieures épineuses de la mante ; elle n'a ici aucune chance d'échapper à son sort. Il arrive que les mantes arrachent les ailes et les pattes de leur victime avant d'en déguster le corps. La mante utilise parfois ses pattes épineuses pour se défendre.

Un corps souple
L'exosquelette souple de la chenille permet aux muscles de travailler avec souplesse.

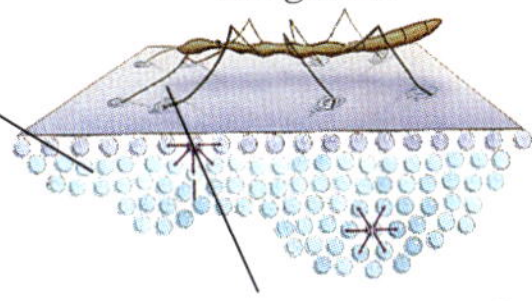

Il marche sur l'eau
Les poils des pattes repoussent les molécules d'eau qui s'attirent entre elles et créent une tension à la surface.

Un insecte de surface

Le gerris effleure l'eau en déplaçant vers l'arrière ses deuxième et troisième paires de pattes. Il peut ainsi marcher à la surface des eaux calmes. Le gerris attrape ses proies avec ses pattes antérieures.

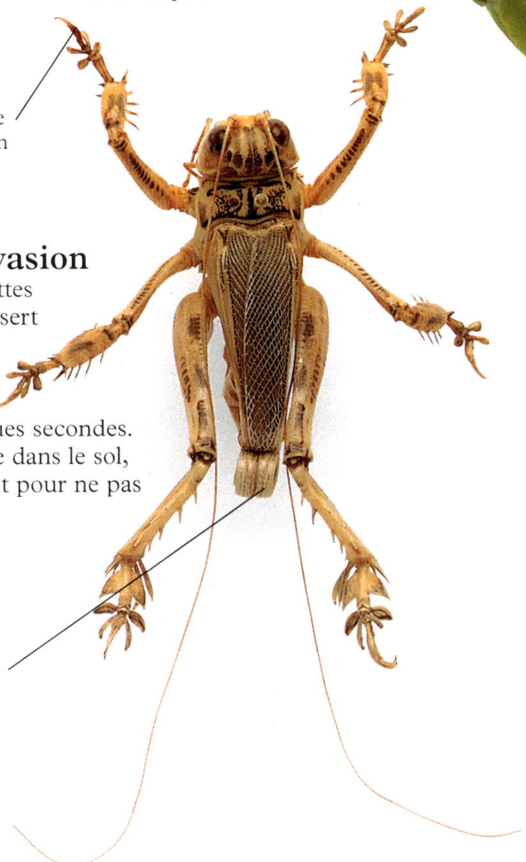

Avec l'extrémité de ses pattes, le grillon creuse le sable.

Le roi de l'évasion

L'extrémité des pattes de ce grillon du désert lui sert à creuser le sable. Au moindre danger, l'insecte disparaît en quelques secondes. Lorsqu'il s'enfonce dans le sol, ses ailes s'enroulent pour ne pas être abîmées.

Aile enroulée

Les fausses pattes

Le thorax des chenilles porte trois paires de vraies pattes et l'abdomen cinq paires maximum de fausses pattes. Celles-ci sont des extensions cutanées, à l'extrémité semblable à une ventouse couronnée de poils, qui leur permettent de s'agripper. Quand la chenille avance, une onde de contractions musculaires parcourt son corps, de l'arrière à l'avant. Parallèlement aux ondulations, les fausses pattes lâchent prise et s'agrippent à nouveau.

Piégée
Rares sont les proies qui peuvent échapper à la pince aux mors acérés des pattes antérieures de la mante religieuse.

Le chasseur chassé
La mante religieuse est elle-même la proie d'animaux tels que les chauves-souris.

Un festin

La mante religieuse se nourrit parfois d'animaux autres que les insectes. Cette mante de Thaïlande vient de capturer un gecko (lézard grimpeur). Grâce à son corps long et fin, la mante peut se cacher sur une feuille.

La puce de mer
Ce n'est pas un insecte mais un crustacé qui doit son nom au fait qu'il saute comme une puce.

Ils sautent !

Lorsqu'il s'agit de sauter, les puces battent tous les records de leur catégorie. La puce du chat peut sauter 34 cm en hauteur, ce qui représente 100 fois la longueur de son corps. Elle saute jusqu'à ce qu'elle trouve un animal pour en sucer le sang, et cela des centaines de fois par heure, pendant plusieurs jours. Un tel exploit est possible grâce au coussinet situé à la base des pattes postérieures, constitué d'une substance appelée résiline*. Les coussinets sont les vestiges des articulations des ailes que possédait l'ancêtre de la puce. La résiline emmagasine et libère de l'énergie.

Le podure

Le podure est un insecte minuscule qui vit dans le sol. Au repos, sa queue fourchue est plaquée contre la partie inférieure de son corps. Il fuit le danger en abaissant sa queue. Quand elle touche le sol, le podure est propulsé en l'air.

Le taupin

Si vous placez un taupin sur le dos, il saute en émettant un bruit sec dû à la présence d'un tubercule (apophyse prosternale) et d'une fente sous le thorax. En effet, quand le corps se plie, le tubercule rentre dans la fente et le coléoptère est projeté vers le haut.

Coupe de la patte postérieure

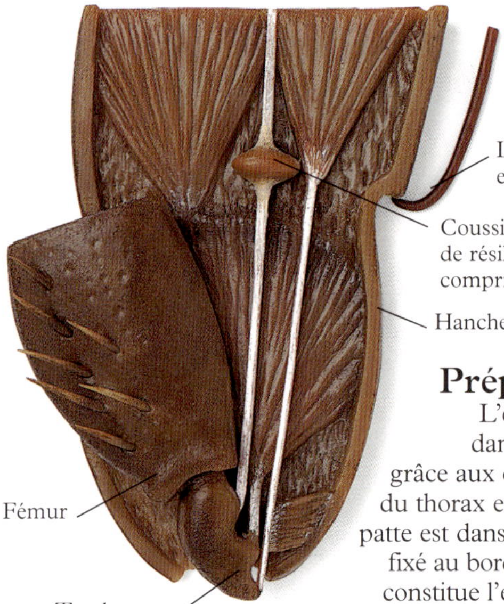

Préparation au saut

L'énergie est emmagasinée dans le coussinet de résiline grâce aux contractions musculaires du thorax et de la hanche. Quand la patte est dans cette position, le crochet fixé au bord du tégument (tissu qui constitue l'enveloppe du corps d'un animal) de la patte est engagé.

En biais
Les puces sautent habituellement en biais, mais il arrive qu'elles sautent presque verticalement.

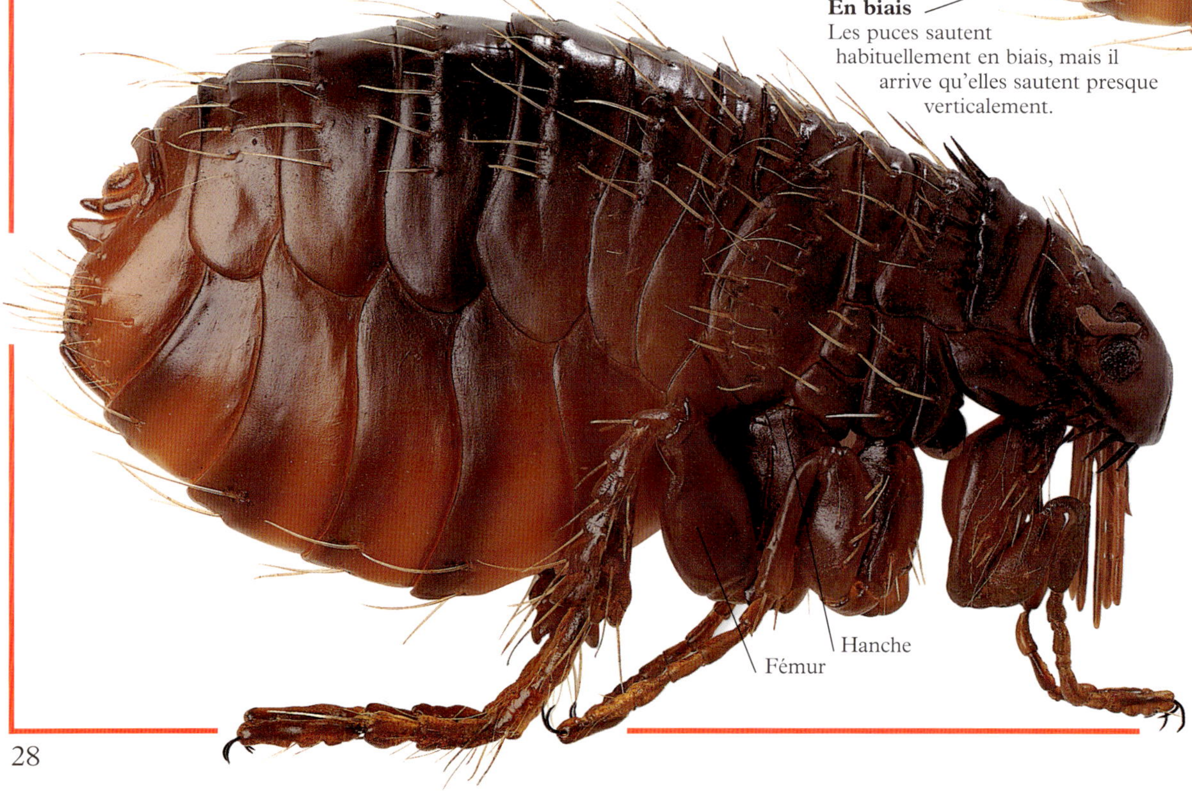

1 Lorsque la puce se prépare à sauter, elle replie ses pattes postérieures. Le crochet attaché au bord du tégument des pattes est engagé, ce qui empêche la libération de l'énergie emmagasinée dans le coussinet de résiline.

3 Si la puce ne se pose pas du premier coup, elle tombe sur le sol pour rebondir encore plus haut. Une fois posée sur sa victime, elle s'agrippe au pelage avec les griffes situées à l'extrémité de ses pattes. Les poils courts et robustes qui couvrent sa tête et une partie de son corps lui permettent de rester accrochée.

Une sorte d'armure
Le corps de la puce est recouvert de plaques chevauchantes : en raison de la dureté de l'exosquelette, il est difficile d'écraser ce parasite.

Aérodynamique
En sautant, la puce maintient ses première et deuxième paires de pattes contre son corps pour réduire sa résistance à l'air.

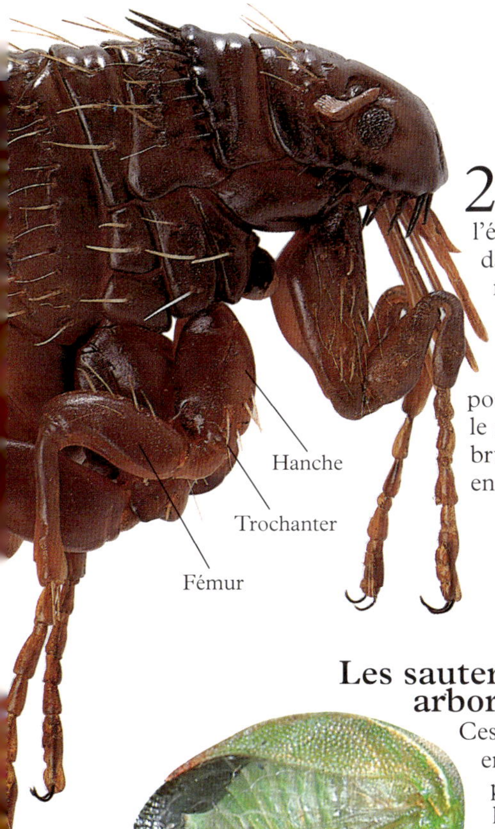

2 Dès que le mécanisme du crochet saute, l'énergie emmagasinée dans les coussinets de résiline est libérée. Les derniers segments de la paire de pattes postérieures quittent le sol. La puce est brusquement projetée en l'air.

Coupe de la patte postérieure

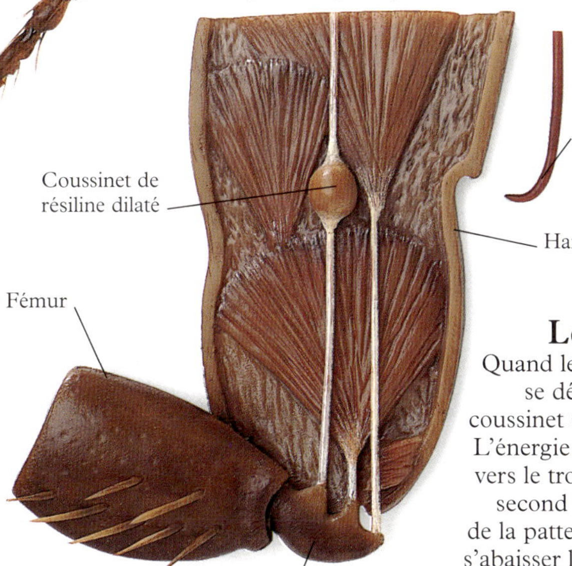

Le saut

Quand le crochet se détache, le coussinet se dilate. L'énergie descend vers le trochanter, second segment de la patte, qui fait s'abaisser le fémur.

Les sauterelles arboricoles

Ces sauterelles sautent en projetant leurs pattes postérieures vers l'arrière, grâce à la puissance des muscles de leur thorax.

Bien cachées
Ces sauterelles arboricoles sont de la même couleur que la tige. Ce camouflage les protège des prédateurs.

Un bond fantastique

Les êtres humains utilisent les muscles des jambes pour sauter à la verticale. Les muscles du criquet sont mille fois plus puissants que ceux de l'homme. C'est parce qu'ils se contractent plus rapidement.

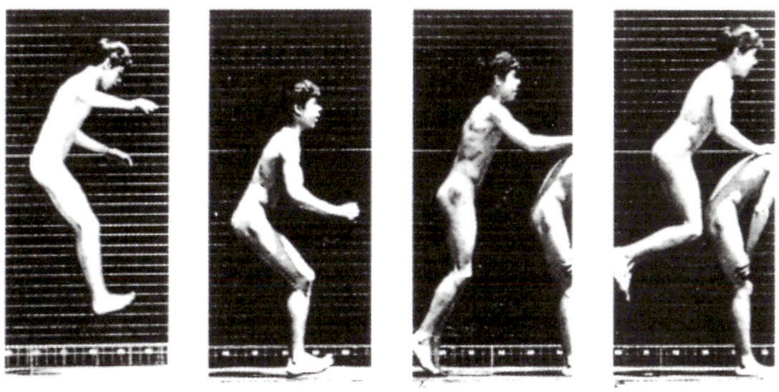

Champions de voltige

La survie des insectes est due en grande partie à leur capacité de voler. Cela leur permet de se mettre en quête de partenaires, de trouver de la nourriture et des endroits où vivre. Leur vol les met aussi à l'abri des prédateurs. Les insectes ont été les premiers animaux volants : leur apparition remonte à 300 millions d'années. Tous les insectes qui volent le font grâce à des muscles situés à l'intérieur du thorax. Chez certains, telle la libellule, les muscles sont reliés directement à la base des ailes, et leur permettent donc de se lever et de s'abaisser. Chez d'autres, telle la guêpe, les muscles actionnent les ailes en modifiant la forme de l'exosquelette.

Des poils sur les ailes

Chez le moustique et de nombreux autres insectes, les nervures des ailes sont garnies de poils qui permettent à l'insecte d'être mieux porté par l'air, donc de mieux voler.

En vol
Une fois en l'air, les ailes de l'hémérobe continuent à battre, une fois vers le haut, une fois vers le bas. La paire antérieure devance légèrement la paire postérieure.

Les nervures des ailes
Elles renforcent les ailes tout en les rendant flexibles.

Décollage de l'hémérobe
L'hémérobe (libellule) se prépare à décoller et commence à battre des ailes. Dès le premier battement vertical, l'hémérobe s'élève dans l'air.

Prêts à voler

Pour décoller, les papillons diurnes et nocturnes ramènent leurs ailes sous leur corps. Cela diminue la pression de l'air au-dessus d'eux et ils sont aspirés vers le haut.

Prête pour le décollage
Cette tordeuse des chênes vivant en Chine se prépare à s'envoler en maintenant ses ailes bien serrées l'une contre l'autre.

Un looping
En inclinant ses ailes d'un côté, l'hémérobe change de direction. Cet insecte gracieux sait aussi décrire des boucles vers l'arrière.

Un régal pour les chauves-souris

Le vol de l'hémérobe n'est pas très puissant et l'insecte a tendance à être ballotté dans les courants aériens. De nombreuses hémérobes volent la nuit et sont menacées par les chauves-souris. Elles réussissent parfois à capter les petits cris aigus de leurs prédateurs et parviennent à leur échapper.

Des ailes solidaires
Les guêpes possèdent deux paires d'ailes. Les ailes postérieures sont accrochées aux ailes antérieures par une série de crochets. En vol, elles fonctionnent ensemble.

Une jolie parure
Les ailes délicates de l'hémérobe sont constituées de lamelles de chitine, matière qui compose l'exosquelette.

Haut les ailes !

La guêpe remue ses ailes en changeant la forme d'une partie de l'exosquelette qui entoure son thorax. Quand les muscles verticaux du thorax se contractent, la partie supérieure du thorax s'abaisse. Cela fait remonter les ailes. Sur ces coupes, les muscles contractés de la guêpe sont en rouge, les muscles relâchés sont en bleu.

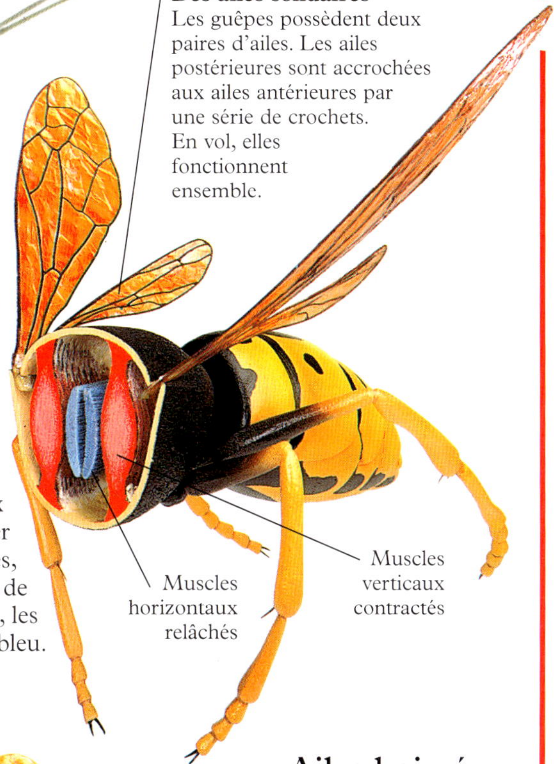

L'articulation des ailes
Chez la guêpe, l'articulation de l'aile contient une substance élastique, la résiline.

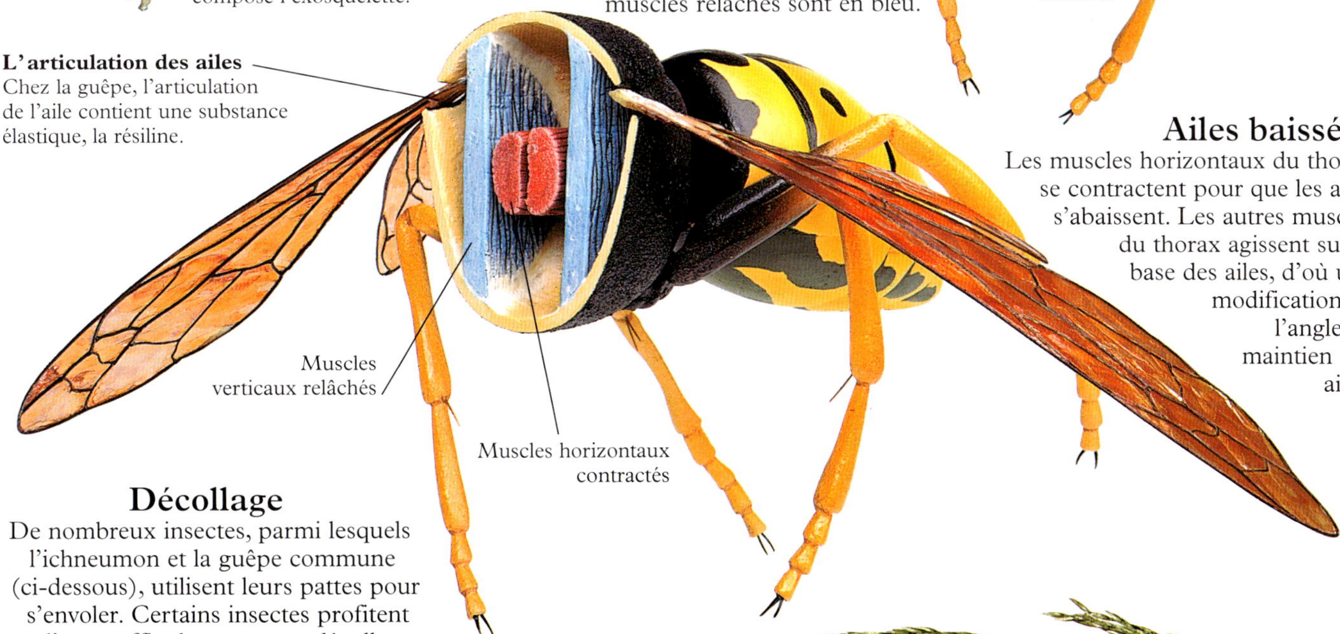

Ailes baissées

Les muscles horizontaux du thorax se contractent pour que les ailes s'abaissent. Les autres muscles du thorax agissent sur la base des ailes, d'où une modification de l'angle de maintien des ailes.

Décollage

De nombreux insectes, parmi lesquels l'ichneumon et la guêpe commune (ci-dessous), utilisent leurs pattes pour s'envoler. Certains insectes profitent d'un souffle de vent pour décoller.

Des ailes recourbées
L'extrémité des ailes antérieures de l'ichneumon se replie. Le battement vers le haut facilite le décollage.

Des pattes traînantes
La guêpe s'aide de ses longues pattes postérieures pour se propulser en l'air. Ses pattes « traînent » vers l'arrière.

De vraies championnes

Le vol de la libellule est très puissant. Cela lui permet d'attraper ses proies en vol. Les deux paires d'ailes fonctionnent séparément. Quand l'insecte vole lentement, la première paire bat un peu avant la seconde. Lorsque la libellule plane ou vole rapidement, les ailes battent à l'unisson.

Les coucous pondent leurs œufs dans le nid d'autres oiseaux qui en prennent soin.

Des hôtes indésirables

L'idée d'avoir des insectes qui vivent sur nous est insupportable. Pourtant, le pou de la tête de l'homme aime la chaleur de nos cheveux et le sang de notre cuir chevelu. Si on l'ôte de notre tête, il ne survit pas longtemps. La présence de poux provoque des démangeaisons. Heureusement ce parasite ne transmet pas de maladies, contrairement au pou du corps, plus rare, qui suce le sang humain, qui vit et pond ses œufs sur les poils et les vêtements de son hôte. Certains insectes, qui se nourrissent à l'intérieur du corps, sont dangereux pour les hommes et les animaux. D'autres insectes détruisent les plantes en dévorant l'intérieur des feuilles, des graines et d'autres tissus végétaux.

Les blattes

Ces insectes, qui affectionnent nos cuisines, n'aiment pas voler. Ils courent dans tous les sens et se faufilent sous les meubles.

Blatte

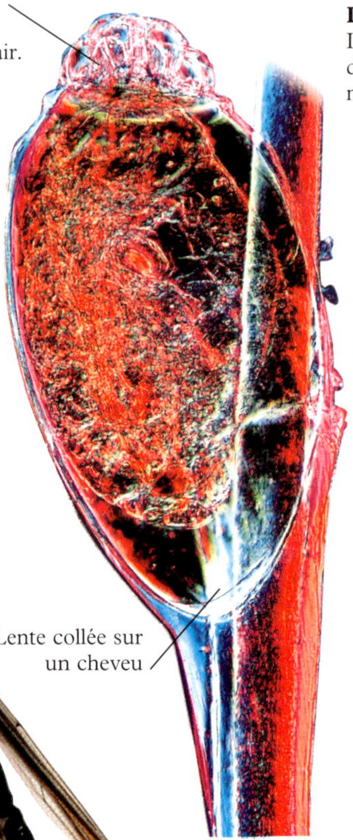

À l'extrémité de l'œuf, des trous laissent entrer l'air.

1 La femelle du pou de la tête pond jusqu'à 100 œufs (lentes) au cours de sa vie. La lente mesure 1 mm de longueur. Elle est solidement accrochée au cheveu.

Lente collée sur un cheveu

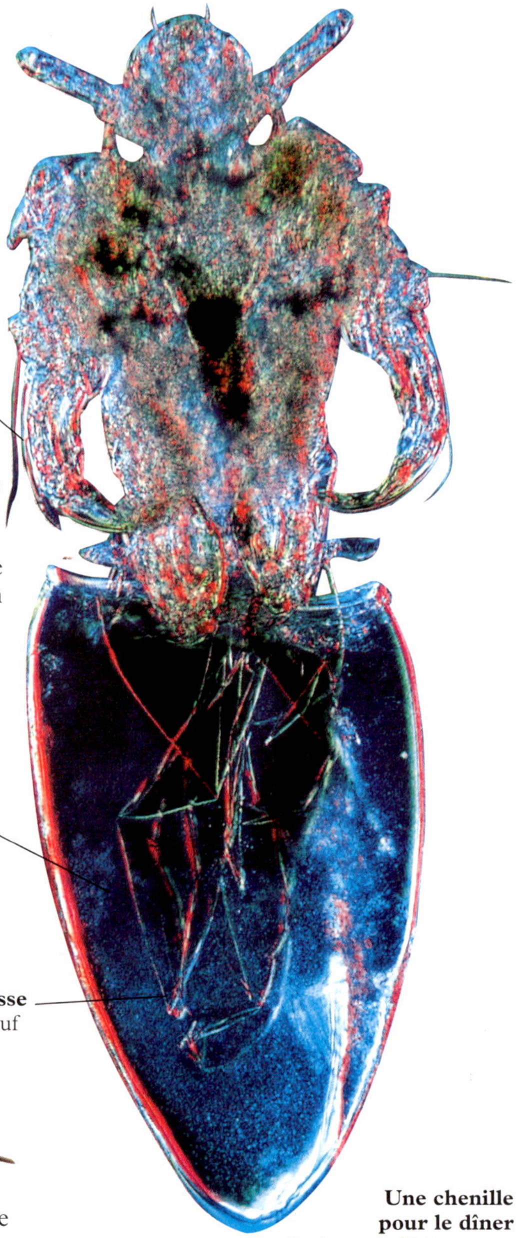

La larve du pou
La larve du pou de la tête de l'homme est une réplique miniature de l'insecte adulte.

2 Pour briser la calotte de l'œuf, la larve du pou de la tête augmente le volume de son corps en avalant de l'air. Du liquide s'accumule dans la partie supérieure du corps et favorise ainsi l'expulsion.

Une peau neuve
L'exosquelette de la larve est abandonné avec la coquille de l'œuf.

Une paroi épaisse
Une coquille d'œuf coriace protège la larve.

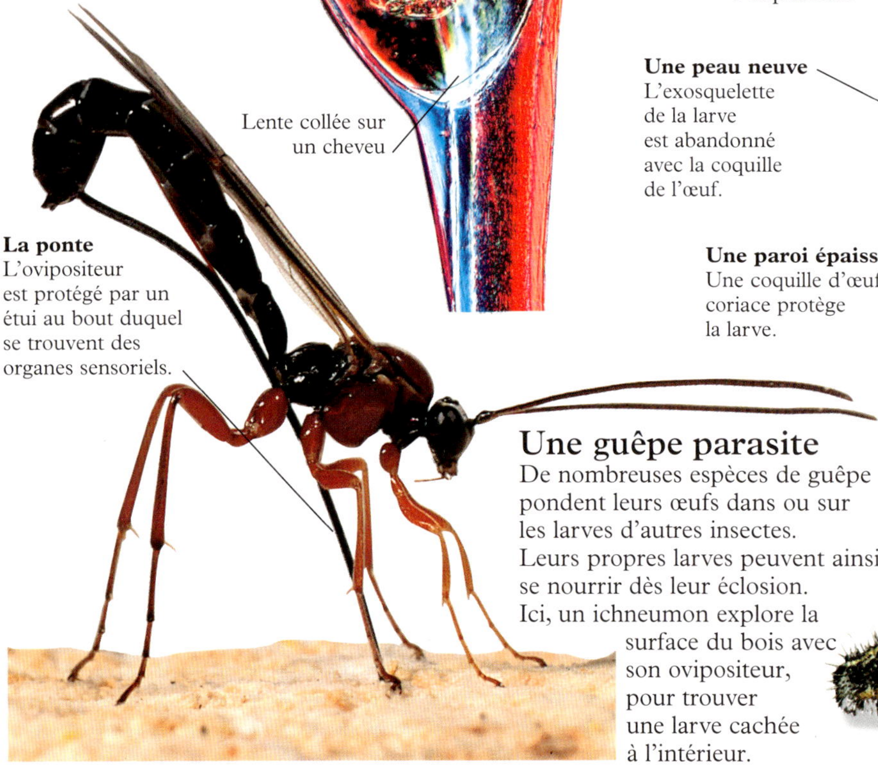

La ponte
L'ovipositeur est protégé par un étui au bout duquel se trouvent des organes sensoriels.

Une guêpe parasite

De nombreuses espèces de guêpe pondent leurs œufs dans ou sur les larves d'autres insectes. Leurs propres larves peuvent ainsi se nourrir dès leur éclosion. Ici, un ichneumon explore la surface du bois avec son ovipositeur, pour trouver une larve cachée à l'intérieur.

Une chenille pour le dîner
La larve de l'ichneumon sort d'une chenille de piéride du chou après l'avoir dévorée de l'intérieur.

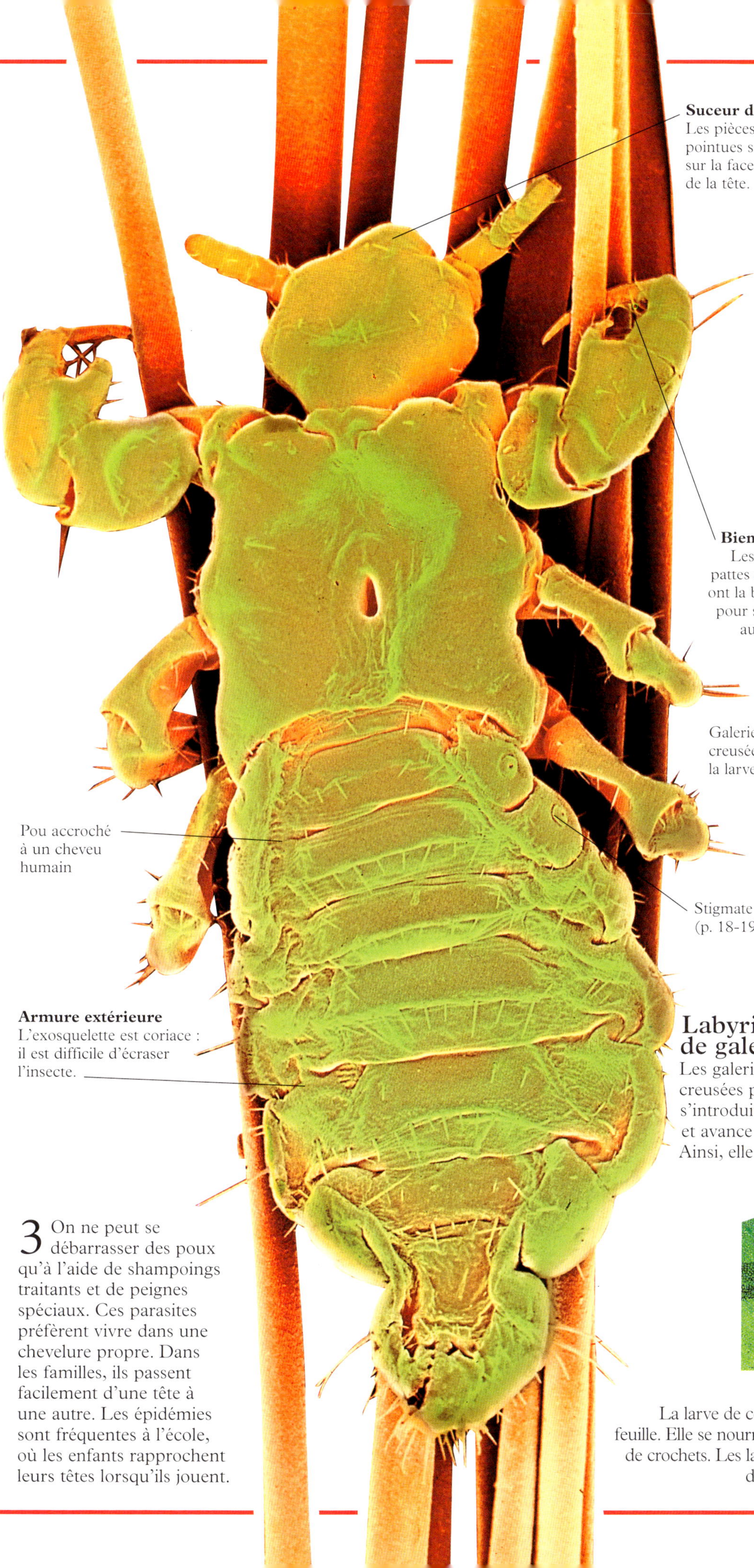

3 On ne peut se débarrasser des poux qu'à l'aide de shampoings traitants et de peignes spéciaux. Ces parasites préfèrent vivre dans une chevelure propre. Dans les familles, ils passent facilement d'une tête à une autre. Les épidémies sont fréquentes à l'école, où les enfants rapprochent leurs têtes lorsqu'ils jouent.

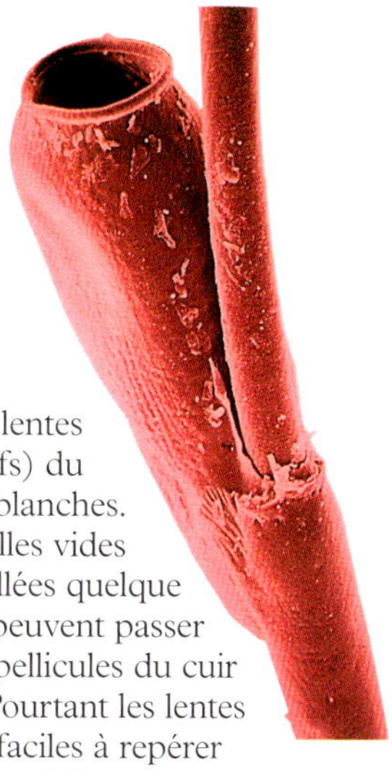

4 Les lentes (œufs) du pou sont blanches. Les coquilles vides restent collées quelque temps et peuvent passer pour des pellicules du cuir chevelu. Pourtant les lentes sont plus faciles à repérer que le pou adulte.

Labyrinthe de galeries

Les galeries sont creusées par une larve d'insecte. Elle s'introduit dans l'épaisseur de la feuille et avance à mesure qu'elle se nourrit. Ainsi, elle a toujours de quoi manger.

Une larve mineuse

La larve de cet insecte creuse dans l'épaisseur d'une feuille. Elle se nourrit grâce à ses pièces buccales en forme de crochets. Les larves de certains papillons nocturnes et de coléoptères sont elles aussi mineuses.

Reine entourée d'ouvrières

Récolteur de nectar

Chez les abeilles, une des nombreuses fonctions de l'ouvrière est de récolter le nectar et le pollen des fleurs. On voit ci-dessous une ouvrière en train de polliniser une fleur. Elle déplie sa langue pour aspirer le nectar qu'elle va emmagasiner dans son jabot. Des grains de pollen s'accrochent aux poils de sa tête, de son corps et de ses pattes. De retour à la ruche, le pollen, mélangé à un peu de miel, est enfourné dans les cellules de cire. Le nectar passe du jabot de l'abeille aux cellules de cire. En butinant, l'abeille pollinise les fleurs de la même espèce en transportant le pollen de l'une à l'autre.

Les pétales

Le perce-oreille va d'une fleur à l'autre pour se nourrir de pétales. Il transporte ainsi du pollen et contribue à la pollinisation*.

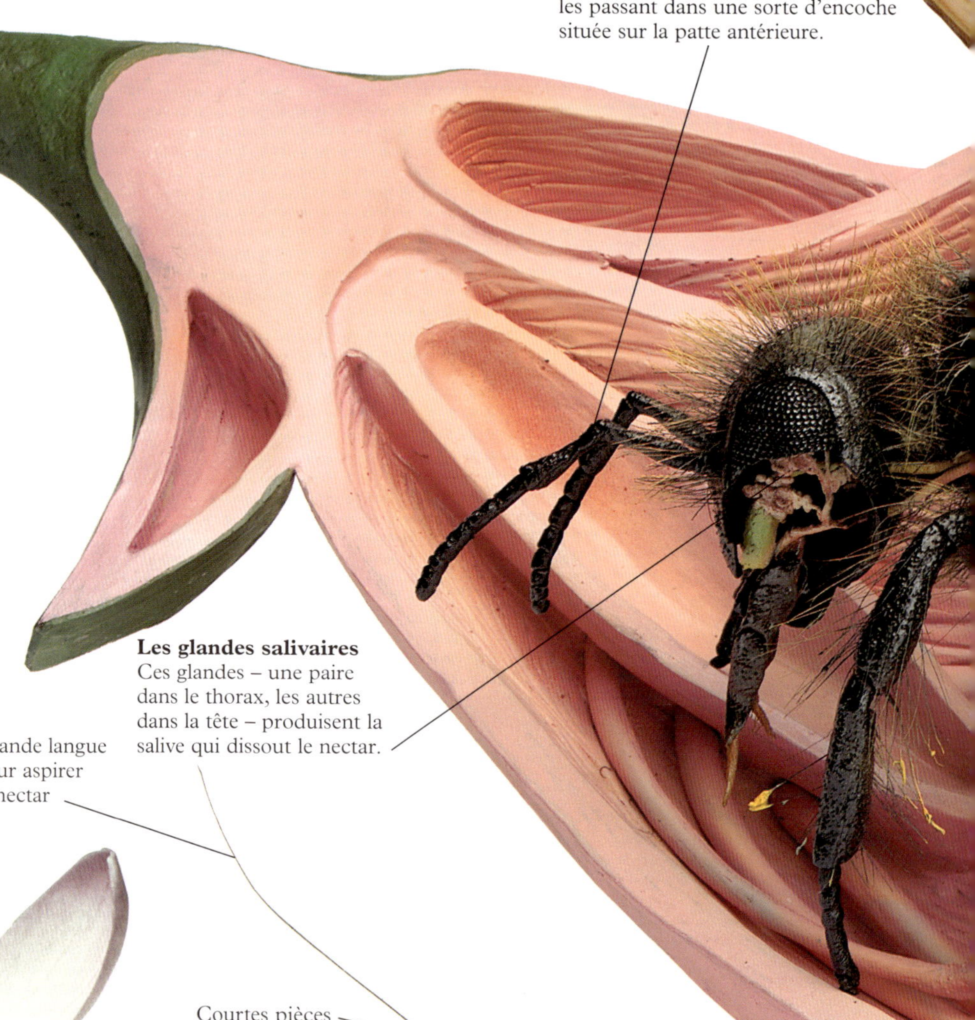

Toujours impeccable
L'abeille nettoie ses antennes en les passant dans une sorte d'encoche située sur la patte antérieure.

Les glandes salivaires
Ces glandes – une paire dans le thorax, les autres dans la tête – produisent la salive qui dissout le nectar.

Déroulé

Les papillons sont d'importants pollinisateurs de fleurs. Ils aspirent le nectar à l'aide de leur longue langue, appelée proboscis. Au repos, le proboscis est enroulé.

Éclosion printanière

Dès la fin de l'hiver, les abeilles sortent pour renouveler leurs réserves de nourriture alors épuisées. Elles trouvent du nectar dans les fleurs qui éclosent au début du printemps – ce crocus par exemple.

Grande langue pour aspirer le nectar

Courtes pièces buccales pour sucer le sang

Une grande langue

Ce taon du Népal possède des pièces buccales bivalentes : elles aspirent le sang et le nectar.

Velu Les poils sur son corps tiennent le bourdon au chaud. Il fait des provisions de nectar et de pollen dans son nid souterrain.

La tête d'une ouvrière

Quand l'abeille aspire le nectar, sa langue travaille en association avec les autres pièces buccales. Les mandibules ont de nombreuses fonctions : mâcher le pollen, faire fondre la cire et la résine des plantes, faire la toilette, et se battre.

Le jabot Le jabot se dilate pour contenir le plus de nectar possible – jusqu'à 40 mg.

La valve À l'intérieur de l'intestin, une valve empêche le nectar de passer du jabot à l'intestin moyen.

Rectum

Aiguillon barbelé

Les corbeilles Le pollen est recueilli sur des brosses, situées sur la face interne de la patte postérieure, puis transféré dans des corbeilles sur la face externe de la patte postérieure.

Les brosses Le pollen passe des brosses de la patte postérieure gauche aux corbeilles de la patte postérieure droite.

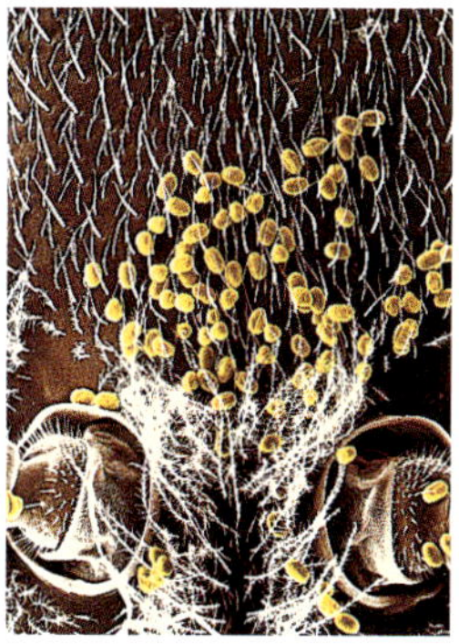

Une face poilue

Des grains de pollen se sont accrochés aux poils de la face d'une ouvrière.

Abeilles actives

Quand l'abeille retourne à la ruche, elle régurgite le nectar qu'elle a récolté et le passe aux autres ouvrières avec sa langue. Le nectar est ensuite placé dans les cellules de cire où il sera transformé en miel.

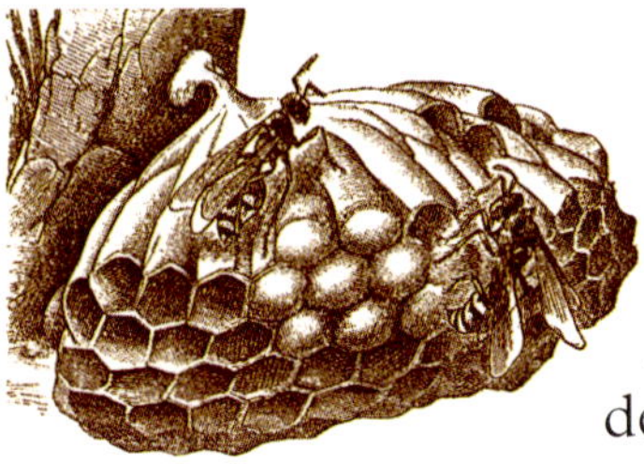

Faits l'un pour l'autre

Accouplement signifie perpétuation de l'espèce. Certains insectes attirent leur partenaire en émettant des odeurs, des sons ou en offrant de la nourriture. D'autres usent de leur apparence : la couleur des ailes pour certains papillons. Des insectes se regroupent en essaim pour s'accoupler, d'autres le font à l'endroit où la femelle pondra ses œufs. Chez certains, le mâle émet directement des spermatozoïdes, chez d'autres ils sont inclus dans des ampoules, les spermatophores. Quelques espèces, dont le podure, déposent des spermatophores sur le sol pour que la femelle les ramasse. Parfois, les ovules sont immédiatement fertilisés par le sperme, parfois la femelle garde le sperme pour un usage ultérieur. Les pucerons, eux, font des petits sans qu'il y ait accouplement.

En nombre !
Les coccinelles forment des groupes souvent considérables et s'accouplent avec de très nombreux partenaires.

Faire sa cour
Ces punaises se frottent mutuellement les antennes avant de s'accoupler.

Comme une tortue
Ces cassides montrent un thorax développé qui, avec les élytres, forme un bouclier.

Des mâles plus petits

Chez les insectes, les mâles sont souvent plus petits, comme pour ces cassides. Chez les coléoptères, le mâle monte généralement sur sa partenaire au cours de l'accouplement.

Le coup de foudre

Chez les papillons, les mâles sont souvent attirés par la grandeur et la coloration des ailes des femelles. Ces dernières ne résistent pas aux odeurs émises par les mâles. Enivrées de parfum, elles se posent et l'accouplement peut avoir lieu.

Les ovaires
Les ovules se forment dans les ovaires de la femelle. Ils descendent le long d'un canal qui conduit à la chambre génitale. Ils sont ensuite fertilisés par le sperme qui a été emmagasiné.

Accouplement

Quand les punaises s'accouplent, le mâle se place sur la femelle – tous deux regardant dans la même direction. Il introduit ensuite son pénis dans les voies génitales femelles, puis il se retourne – le couple regardant à présent dans des directions opposées. Ils restent dans cette position pendant près de cinq heures, jusqu'à ce que le sperme soit arrivé dans le réceptacle séminal de la femelle. Ils se séparen alors et peuvent s'accoupler avec d'autres partenaires

La spermathèque
C'est là que le sperme est emmagasiné jusqu'à ce que la femelle soit prête à féconder ses œufs.

En profondeur
L'extrémité du pénis pénètre à l'intérieur de la femelle. Le sperme ira jusqu'au réceptacle séminal.

Le pénis
À l'intérieur du pénis se trouve le canal éjaculateur qui véhicule le sperme.

Réservoir
Le liquide séminal emmagasiné dans le réservoir passe dans le pénis par un processus de pompage. Ceci permet au pénis de se dérouler pour pénétrer à l'intérieur de la femelle.

Vésicule séminale
Le sperme s'accumule dans cette sorte de sac.

Pas moyen de s'échapper

Pendant l'accouplement, ce mâle et cette femelle sont soudés l'un à l'autre. Il leur est possible de se déplacer et de se nourrir dans cette position. C'est la femelle qui ouvre la marche, le mâle doit donc se déplacer à reculons.

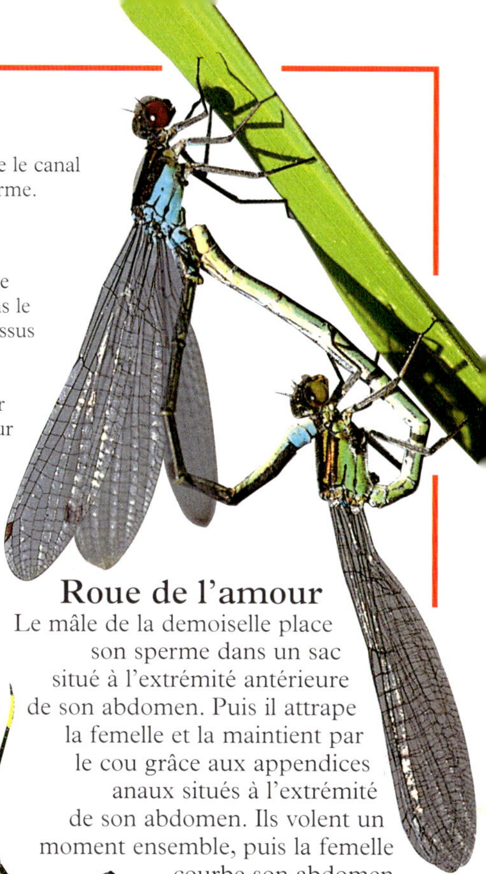

Roue de l'amour

Le mâle de la demoiselle place son sperme dans un sac situé à l'extrémité antérieure de son abdomen. Puis il attrape la femelle et la maintient par le cou grâce aux appendices anaux situés à l'extrémité de son abdomen. Ils volent un moment ensemble, puis la femelle courbe son abdomen sous celui du mâle pour recueillir son sperme.

Avertissement

Les couleurs de ces criquets avertissent les prédateurs de leur goût désagréable. Ils peuvent donc s'accoupler, sans risquer d'être mangés.

Une vie nouvelle

Les femelles des insectes déposent leurs œufs sur de la nourriture ou à proximité, pour que les petits puissent se nourrir dès la naissance. Elles choisissent aussi des endroits où les œufs seront hors de danger : sous des feuilles ou de l'écorce, à l'intérieur des fruits de toutes sortes. Les œufs sont protégés par leur coquille, qui laisse passer l'humidité. Certains insectes, comme les blattes ou les mantes religieuses, enferment leurs œufs dans une sorte d'emballage solide. Les parents les plus attentifs restent près des œufs et des petits pour les défendre. Quelques espèces, dont le puceron, sont vivipares : les petits accomplissent au moins une partie de leur évolution embryonnaire dans le corps de la mère qui donne naissance à des petits vivants et non à des œufs.

La tête émerge du trou fait par les mandibules.

Un véritable éclatement

La coquille d'un œuf d'insecte est dure, ce qui rend l'éclosion difficile. Les chenilles percent la coquille avec leurs mandibules (p. 14-15) pour sortir. Chez certains insectes, les petits sortent par une espèce de couvercle ou par des fentes qu'ils pratiquent le long des points faibles de la paroi. Certaines larves sont munies d'épines ou de dents qui leur permettent de se libérer de l'œuf.

Une mère attentive

Cette punaise femelle protège sa future progéniture des prédateurs qui lui trouveraient certainement un goût très agréable. La punaise se sert de son corps comme d'un bouclier pour défendre ses œufs contre certaines guêpes minuscules. Ces dernières cherchent à pondre leurs propres œufs à l'intérieur de ceux de la punaise. Ainsi, quand leurs petits naissent, ils se nourrissent des œufs de la punaise.

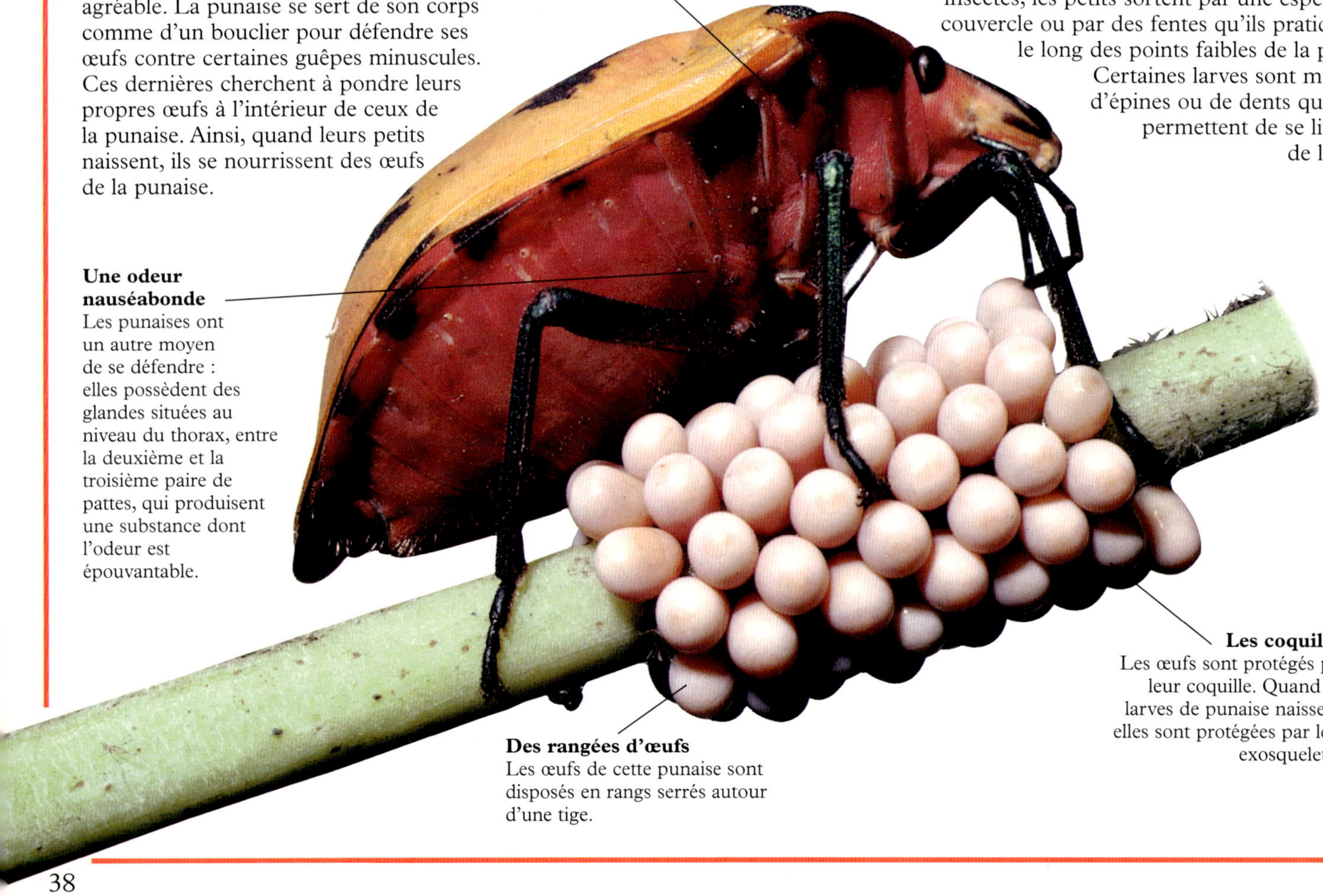

Sur le qui-vive
Cette punaise femelle protège ses œufs avec son corps.

Une odeur nauséabonde
Les punaises ont un autre moyen de se défendre : elles possèdent des glandes situées au niveau du thorax, entre la deuxième et la troisième paire de pattes, qui produisent une substance dont l'odeur est épouvantable.

Les coquilles
Les œufs sont protégés par leur coquille. Quand les larves de punaise naissent, elles sont protégées par leur exosquelette.

Des rangées d'œufs
Les œufs de cette punaise sont disposés en rangs serrés autour d'une tige.

Tel père, tel fils

Dès l'éclosion, les larves de punaise sont une réplique de leurs parents. La seule différence est que leurs ailes ne fonctionnent pas encore. Chez les punaises (p. 8-9), il est fréquent que les parents, le plus souvent la mère, restent près des œufs et des larves pour les protéger. Pourtant, certains mâles n'ont pas le choix : la femelle leur colle les œufs sur le dos, ils sont donc « de garde » jusqu'à l'éclosion.

Un self-service

La drosophile pond ses œufs dans les fruits pourris, dont les larves se nourrissent après l'éclosion. Elle peut pondre plusieurs milliers d'œufs.

Un œuf coloré
Sur cet agrandissement, on a coloré l'œuf en bleu pour qu'il soit plus visible.

Pouponnière et garde-manger

Lorsqu'elle est prête à pondre ses œufs, la femelle du balanin du gland, un charançon, trouve un gland nouvellement formé sur un chêne. Elle le perce à l'aide de ses minuscules mandibules situées à l'extrémité de son long rostre. À mesure qu'elle creuse le gland, elle s'en nourrit. Lorsqu'elle a terminé, elle retire son rostre, se retourne et introduit son ovipositeur dans le trou, pour pondre.

À l'intérieur du gland, la larve sort de l'œuf et commence à se nourrir. Le gland lui offre donc abri et nourriture. Quand le gland tombe de l'arbre, la larve sort à l'air libre. Elle creuse alors le sol et séjourne sous terre où elle se transforme en une nymphe* qui donnera le charançon adulte.

Multiples transformations

Les jeunes de certains insectes sont des répliques en miniature de leurs parents. Quand ils sortent de l'œuf, ils n'ont pas d'ailes. Au cours d'une série de mues, ils acquièrent des embryons d'ailes avant de devenir des adultes ailés. D'autres insectes passent par des changements radicaux. Ils naissent à l'état de chenille ou d'asticot et sont très différents des parents. La larve grossit à chaque mue. En fin de croissance, elle forme un cocon et se métamorphose, c'est la nymphe ; il en sortira un adulte. Une fois adulte, l'insecte ne grossit plus parce que, contrairement aux larves, il est prisonnier de son exosquelette.

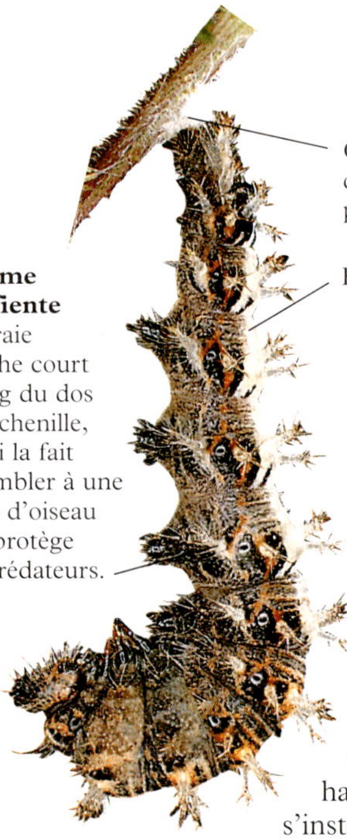

Comme une fiente
Une raie blanche court le long du dos de la chenille, ce qui la fait ressembler à une fiente d'oiseau et la protège des prédateurs.

1 Quand la croissance de la chenille du Robert-le-diable est terminée, elle se suspend à une petite branche ou à une tige, le plus souvent à l'intérieur d'une haie. Où qu'elle s'installe, la chenille tisse un cocon de soie qui la maintient accrochée à son support.

2 La chenille s'est débarrassée de son exosquelette mou pour la dernière fois et laisse la place à la nymphe, appelée chrysalide*. Celle-ci est alors suspendue la tête en bas.

3 La surface de la chrysalide durcit pour protéger l'insecte adulte qui se développe à l'intérieur. La chrysalide ressemble à une feuille morte : ce camouflage la protège des prédateurs. Le stade de la chrysalide dure une quinzaine de jours.

Largeur des ailes
On voit mieux la largeur des ailes de la future drosophile sur cette image de profil.

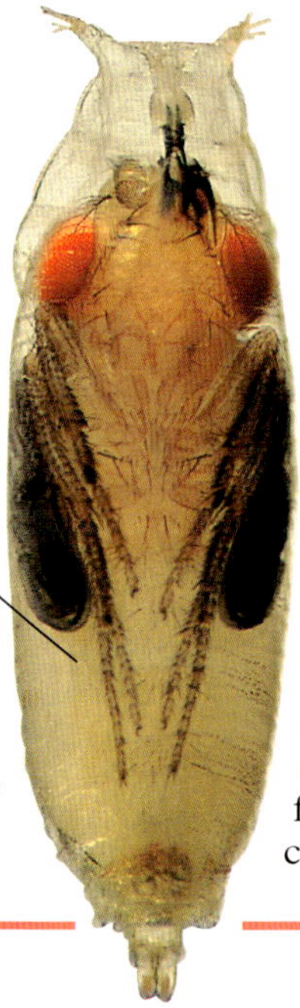

Dernier stade
L'exosquelette transparent du dernier stade de développement de l'asticot protège la future mouche.

L'asticot de la drosophile

Voici la taille réelle de l'asticot de la drosophile.

De l'asticot à la mouche

Agrandissements du développement de l'asticot de la drosophile. Au dernier stade, l'exosquelette de l'asticot protège le futur adulte. À l'intérieur de la pupe*, l'asticot est pratiquement devenu une mouche adulte. Celle-ci fendra son enveloppe protectrice et commencera sa vie d'adulte.

À l'intérieur

À tous les stades de sa transformation, le papillon présente un cœur tubulaire (partie supérieure) et une chaîne ganglionnaire (système nerveux, partie inférieure). Les organes reproducteurs (en rouge) se développent pour devenir fonctionnels au stade adulte.

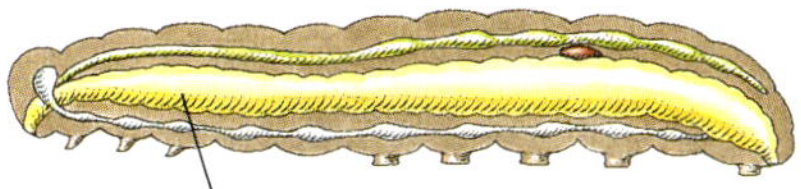

La chenille
Les chenilles possèdent un tube digestif rectiligne qui leur permet de digérer les quantités de matières végétales dont elles se nourrissent.

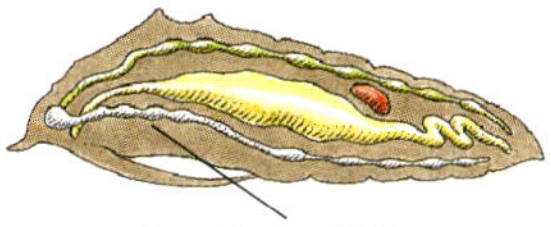

La chrysalide
Chez la chrysalide, le corps se transforme pour parvenir à l'état adulte. L'intestin s'enroule pour mieux digérer la nourriture liquide.

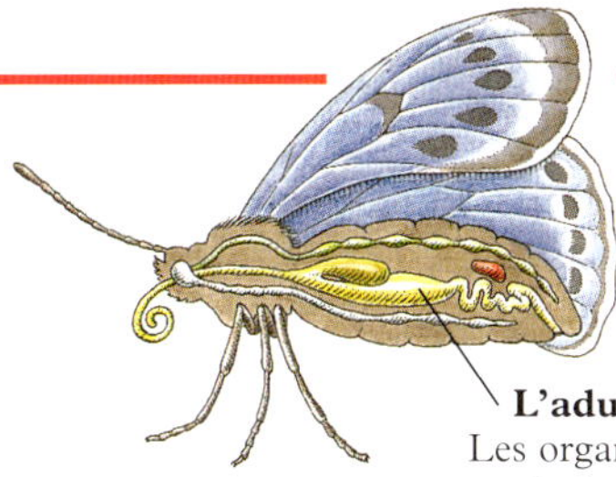

L'adulte
Les organes reproducteurs sont complètement développés.

4 La chrysalide se fend et le papillon se libère. Ses ailes sont encore fragiles et fripées.

Comme un ballon
L'aile ressemble à un sac qui se gonfle comme un ballon. Des ligaments maintiennent ensemble les membranes supérieure et inférieure de l'aile.

5 Pour que les ailes se défroissent complètement, le sang est pompé jusqu'aux nervures de l'aile. Le proboscis tubulaire (p. 16-17) se tend sous la pression sanguine. Quand ses ailes sont sèches, le papillon part à la recherche de fleurs dont il aspirera le nectar. Selon la période de l'année, le papillon se met en quête d'un partenaire. En hiver, il trouve un tronc d'arbre sur lequel se cacher et se reposer.

Proboscis enroulé

Des C blancs
Le Robert-le-diable montre des marques blanches en forme de C sur ses ailes, d'où son nom latin, *Polygonia c-album*.

Des ailes déchiquetées
Le bord déchiqueté des ailes et la couleur brune du Robert-le-diable lui permettent de se confondre, au repos, avec les feuilles mortes.

Glossaire

A

Abdomen Le corps de l'insecte est segmenté en trois parties : la tête, le thorax et l'abdomen. L'abdomen est la partie postérieure du corps.

Antennes Tous les insectes possèdent une paire d'antennes fixée à la tête. Les antennes sont segmentées. Elles sont recouvertes de minuscules poils sensoriels. Les antennes ont de multiples fonctions : odorat, goût, toucher et ouïe.

Les pièces buccales d'un moustique

C

Camouflage C'est la faculté que possèdent les insectes de se confondre avec leur environnement. Certains papillons diurnes et nocturnes ont des ailes dont la coloration ressemble à celle des feuilles. Le camouflage aide l'insecte à se protéger des prédateurs affamés. Si l'insecte est lui-même un prédateur (la mante religieuse par exemple), le camouflage lui permet d'approcher sa proie sans être vu.

Abeille en train de polliniser une fleur

Chrysalide C'est le nom donné à la nymphe du papillon, dans laquelle l'insecte adulte atteint son ultime stade de développement. La chrysalide est protégée par une enveloppe dure, une sorte de coquille.

Colonie Groupe social constitué d'un grand nombre d'insectes de la même espèce – les fourmis, par exemple – qui bâtissent et vivent en communauté, en se partageant les tâches spécifiques pour le bien de tout le groupe.

D

Diaphragme Membrane élastique qui soutient et sépare le cœur des espaces irrigués par le sang et contenant les autres organes : appareils digestif et reproducteur.

Digestion Processus par lequel la nourriture est transformée en déchets et en diverses substances nutritives nécessaires à la vie, sous l'action des enzymes de l'intestin de l'insecte.

E

Enzyme digestive Substance produite par l'appareil digestif de l'insecte, qui provoque la transformation chimique de la nourriture.

Exosquelette Enveloppe externe du corps constituée de couches contenant une matière organique cornée, la chitine. L'exosquelette soutient et protège les organes internes de l'insecte. Les muscles, ainsi que certains organes internes, sont attachés à l'exosquelette. Les trachées (orifices respiratoires), par exemple, sont reliées à l'exosquelette au niveau des stigmates (orifices par où pénètre l'air).

F

Fémur Troisième segment de la patte, relié au trochanter.

G

Ganglions Centres nerveux répartis sur le trajet de certains nerfs. Les ganglions transmettent les messages d'un point à un autre du corps. Les ganglions du thorax contrôlent directement les mouvements des pattes et des ailes, sans intervention du cerveau.

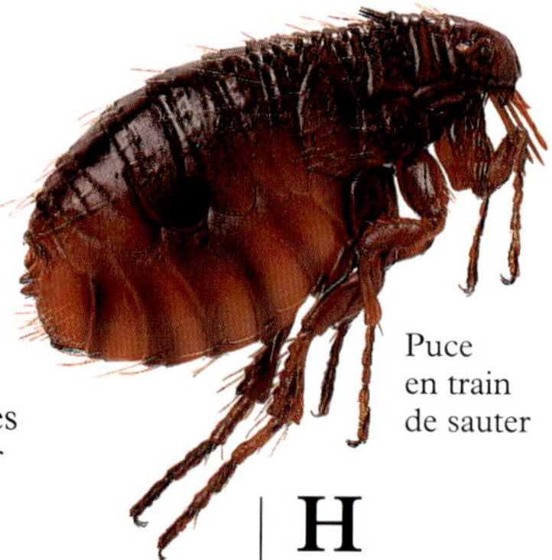

Puce en train de sauter

H

Hanche Premier segment de la patte de l'insecte, qui part du thorax.

I

Insecte Animal possédant un exosquelette articulé, un corps composé de trois parties (tête, thorax et abdomen), une paire d'antennes, trois paires de pattes et une ou deux paires d'ailes.

Intestin postérieur Section de l'appareil digestif de l'insecte située dans la partie postérieure de l'abdomen, incluant le rectum et l'anus.

J

Juvénile Jeune d'un animal.

L

Larve Premier stade de la vie de l'insecte. La larve sort de l'œuf et remplit une fonction précise : se nourrir et se développer. Les larves ont des pièces buccales rudimentaires et possèdent parfois des pattes.

M

Mandibules Pièces buccales de l'insecte. Chez les insectes broyeurs, elles sont larges et ont un bord tranchant. Chez les insectes piqueurs et suceurs,

Punaises accouplées sur une feuille

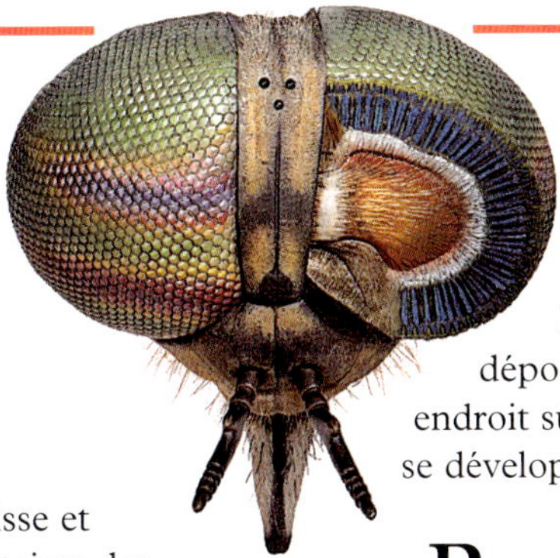

Œil composé du taon

les mandibules sont étroites et pointues.

N

Nectar Substance épaisse et sucrée sécrétée par les nectaires des fleurs, dont les insectes se nourrissent. Pendant que l'insecte aspire le nectar, des grains de pollen s'accrochent sur son corps et ses pattes. Ainsi, le pollen est transporté vers d'autres fleurs de la même espèce visitées par l'insecte : c'est ce qu'on appelle la pollinisation.

Nectaire Glande située à l'intérieur de la fleur et produisant le nectar.

Nymphe Nom du deuxième stade de la métamorphose, qui succède à la larve.

O

Ocelles En plus de leurs yeux composés,

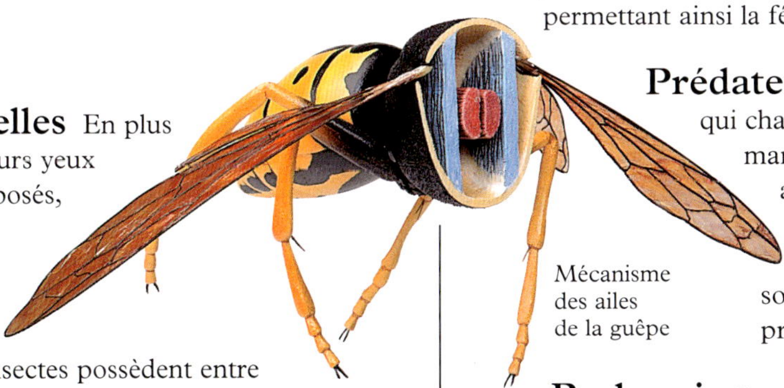

Mécanisme des ailes de la guêpe

les insectes possèdent entre un et trois ocelles ou yeux simples. Les ocelles perçoivent les variations de quantité de lumière et non les images précises.

Œil composé L'œil de l'insecte est constitué de nombreuses facettes sensibles à la lumière (les ommatidies). Le nombre d'ommatidies varie de quelques-unes à plusieurs milliers. Certains insectes ont des yeux composés énormes qui leur permettent une vision panoramique.

Ommatidies Facettes ou unités sensibles qui constituent l'œil composé de l'insecte. Chaque ommatidie porte une lentille hexagonale en surface et une lentille conique (le cristallin) en liaison avec une cellule nerveuse reliée au cerveau.

Ovipositeur Structure tubulaire située à l'extrémité de l'abdomen de l'insecte femelle. L'ovipositeur sert à déposer les œufs dans un endroit sûr pour qu'ils puissent se développer.

P

Palpe Appendice sensoriel appartenant aux pièces buccales de l'insecte, servant à toucher et goûter la nourriture.

Parasite Animal, plante ou insecte qui puise les substances dont il a besoin sur ou dans le corps d'un autre animal.

Pollinisation Processus par lequel la fine poudre jaune appelée pollen est transportée d'une fleur à une autre, permettant ainsi la fécondation.

Prédateur Animal qui chasse et mange d'autres animaux. Certains insectes sont des prédateurs.

Proboscis Longue trompe utilisée par certains insectes pour boire. Chez certaines mouches, la salive est canalisée vers la nourriture par le proboscis, qui permet ensuite de l'aspirer, prédigérée.

Pupe Nymphe de certains insectes (la mouche par exemple). La nymphe du papillon est appelée chrysalide.

R

Résiline Substance contenue dans l'articulation des ailes de certains insectes et dans des coussinets situés à la base des pattes postérieures de la puce. La résiline emmagasine et libère l'énergie qui permet à la puce de sauter.

Lucilie

S

Setæ Poils recouvrant la tête, le corps ou les appendices d'un insecte. Il s'agit de prolongations, pour la plupart sensitives, de l'exosquelette.

Une des facettes de l'œil composé

Stigmates Orifices des trachées par lesquels l'insecte respire. Les stigmates s'ouvrent et se ferment pour contrôler le passage de l'air.

T

Thorax Seconde partie du corps de l'insecte, à laquelle sont fixées les pattes et les ailes.

Trachées Tubes respiratoires du corps de l'insecte. Les trachées conduisent l'oxygène aux organes. Elles sont flexibles et peuvent se contracter et se dilater pour faire pénétrer l'air ou le chasser par les stigmates.

Trochanter Partie de la patte de l'insecte située entre la hanche et le fémur.

Tubes de Malpighi Ils sont situés à la jonction de l'intestin moyen et de l'intestin postérieur. Leur rôle est d'éliminer les déchets du sang de l'insecte. Ils ont une fonction comparable à celle des reins chez l'homme. Les déchets passent ensuite dans l'intestin postérieur pour être évacués sous forme d'excréments.

Index

Remerciements

Oblong Box, John Brackenbury, Peter Chadwick, Marion Dent, Gill Ellsbury, Simone End, Julie Ferris, Neil Fletcher, Jason Gonzalez, Frank Greenaway, Barbara Kekus, Michael Lamb, Iain Morris, Nicki Waine, Bob Warner.

Crédit photographique
d=droite, g=gauche, c=centre, h=haut, b=bas.

Ardea, Londres : John Clegg 17bc, JL Mason 28hd ; **Biofotos / Heather Angel** : 34bg ; **John Brackenbury** : 11bd, 18hd, 25bd, 33bg, bc, 34hd ; **Collection Bruce Coleman** : Jane Burton 13hd, 40cd, c, cg, 41d, cg, John Cancalosi 2-3, 8c, 46-47, Eric Crichton 14cd, MPL Fogden 11hd, CB & DW Frith 27hd, Jeremy Grayson 36hd, Felix Labhardt 37hd, Andy Purcell 10bg, Dr Frieder Sauer 20bd, Kim Taylor 14hd, 20bc, 27bd, Carl Wallace 36bg, Peter Ward 13hg ; **Microscopix** : Andrew Syred 19bd, 21hd, hdh, 22d, 23hc, cg, 24bd, 40bg, bd ; **Muséum d'Histoire naturelle de Londres** : 6cg, 11c ; **Agence photographique d'histoire naturelle** : Anthony Bannister 36cg, Stephen Dalton 13bg, 13bd, Ron Fotheringham 30bd, Peter Parks 16bd ; **Oxford Scientific Films** : GI Bernard 12bg, 14b, Michael Fogden 23b, David Fox 22bg, Avril Ramage 32bd, James H Robinson 29bg, Kjell B Sandved 22bc, Tim Sheperd 39bg, **Animals Animals** : William D Griffin 25c, Raymond A Mendez 25hg ; **Mantis Wildlife Films** : Jim Frazier 31cd, bd, **Photo Researchers Inc** : Dawin Dale 20cg ; **Planet Earth Pictures** : Jon & Alison Moran 11bc ; **Premaphotos Wildlife** : KG Preston-Mafham 10cdh, 17cd, 24bg, 28cdh, 37cd, 38b ; **Science Photo Library** : Dr Jeremy Burgess 14cg, 15bd, 17bd, 31g, 35cd, Dawin Dale 20bg, Manfred Kage 14cgb, Alfred Pasieka 10bd, JC Revy 30cg, 30cd, Dave Roberts 12bd, David Scharf 14c, 16cg, 38hd, 39bd, Cath Wadforth 31hd ; **Science Pictures Limited** : 34cg.
Tous les efforts ont été faits pour retrouver les détenteurs des copyrights. L'éditeur s'excuse pour toute omission et effectuera les corrections nécessaires dans les prochaines éditions.